# Innovation. Technik. Zukunft

Guido Alt · Holger Bill · Matthias Machnig
(Hrsg.)

# Innovation. Technik. Zukunft

## Die Wissens- und Informationsgesellschaft gestalten

Leske + Budrich, Opladen 2002

Gedruckt auf säurefreiem und alterungsbeständigem Papier.

Die Deutsche Bibliothek – CIP-Einheitsaufnahme
Ein Titeldatensatz für die Publikation ist bei
Der Deutschen Bibliothek erhältlich

**ISBN 3-8100-3650-1**



Satz: Verlag Leske + Budrich, Opladen
Druck: DruckPartner Rübelmann, Hemsbach
Printed in Germany

# Inhalt

## Die Zukunft in der Wissens- und Informationsgesellschaft

# Vorwort

„... und sie lebt doch. Die New Economy hat Perspektive". Unter diesem Motto haben wir uns zusammengefunden, um den vorliegenden Sammelband herauszugeben. Wir haben aus unterschiedlichen Perspektiven den raschen Aufstieg und den dramatischen Fall der ersten Gründergeneration der New Economy erlebt. Wir haben gegründet, wir haben beraten und wir haben den Prozess politisch begleitet.

Wir glauben nicht an den Tod der New Economy, der von Analysten und Kommentatoren vielfach heraufbeschworen wurde. Die neuen Technologien haben unser aller Leben nachhaltig verändert. Sie sind Motor des gesellschaftlichen Wandels hin zur Informations- und Wissensgesellschaft. Die Veränderungen der innovativen Technologien wirken weit über den Wirtschaftssektor der New Economy hinaus.

Old Economy, New Economy, Real Economy oder One Economy – über die Validität dieser Begriffe werden Kontroversen ausgetragen, auch in diesem Buch. Fest steht jedoch, dass sich ein grundlegender Wandel vollzieht, der Wirtschaft, Gesellschaft, Politik und Wissenschaft gleichermaßen prägt.

Im ersten Teil dieses Buches wird die Gründergeneration der New Economy zu Wort kommen. Ihre Erfahrung, ihre Rückschläge und ihre Erfolge bestimmen die Diskussion um die neuen Technologien.

Anschließend werden die Zukunftspotentiale der Neuen Technologien aus verschiedenen Blickwinkeln erörtert. Vertreter aus Wirtschaft und Politik legen ihre Analysen und Konzepte vor. Hier wird deutlich, dass wir alle uns auf dem Weg in die Wissensgesellschaft befinden. Doch wie weit wir auf diesem Weg schon vorangekommen sind, darüber scheiden sich die Geister.

Im letzten Teil des Bandes wird die gesellschaftliche Dimension erörtert. Hinter den Umwälzungen, die wir erleben, stehen Menschen, die sie vorantreiben. Andere werden von der Entwicklung mitgerissen, oder gar von ihr überrollt. Niemals dürfen wir vergessen, dass Wirtschaft, Gesellschaft und Politik von Menschen getragen werden. Sie dürfen im Transformationsprozess nicht zurückgelassen werden.

Wir wollen mit der Veröffentlichung dieser Beiträge Mut machen: Mut, die New Economy als einen zukunftsfähigen Wirtschaftszweig zu betrachten. Mut, die sich abzeichnende Wissens- und Informationsgesellschaft aktiv mitzugestalten. Mut auf neue Existenzgründungen und Lust auf Innovationen.

Und sie lebt doch. Die New Economy hat Perspektive in der Wissensgesellschaft.

Als Herausgeber danken wir Manuel Güll, ohne dessen Engagement und Begeisterung für dieses Projekt dieser Band nicht möglich gewesen wäre.

*Berlin und Leonberg, im Juni 2002*
*Die Herausgeber*

*Guido Alt,*
*Vorstandsvorsitzender der Caatoosee AG*

*Holger Bill,*
*Geschäftsführer von accenture*

*Matthias Machnig,*
*Bundesgeschäftsführer der SPD*

# Die Gründergeneration: Erfahrungen, Herausforderungen, Erfolge

*Guido Alt*

# Auf der Suche nach der verlorenen Zeit

## Über den Umgang mit Informationen in der Wissensgesellschaft

In der Geschichte der Menschheit war Wissen stets ein knappes Gut, das nur wenigen Auserwählten zur Verfügung stand. Im Altertum, noch vor dem Einsatz von Schrift, verbreiteten die Sänger das gesammelte Wissen auf mündlichem Wege. Im Mittelalter wurde das Wissen der Menschheit in den Klosterbibliotheken hinter hohen Mauern archiviert. Selbst die Generation derjenigen, die heute an den Schalthebeln von Unternehmen und Staat sitzen, musste sich zu ihren Studienzeiten noch in die Bibliotheken begeben, riesige Kataloge wälzen, Bestellzettel ausfüllen, um dann nach ein oder zwei Stunden endlich die bestellten Bücher in Empfang nehmen zu können. Der Zugriff auf Wissen kostete vor allem eines: Zeit. Und wenn das Buch ausgeliehen war, konnte das unter Umständen sogar monatelanges Warten bedeuten

## 1. Der Wissensberg wächst, unsere Zeit wird immer knapper

Heute, in der Zeit internetbasierter Netzwerke, hat das Wissen seinen Charakter als knappes Gut verloren. Einmal ins Netz gestellt, lassen sich sofort die Inhalte herunterladen, ganz egal ob andere gleichzeitig auf die Datei zugreifen. Doch obwohl es selten länger als dreißig Sekunden dauert, bis die gewünschte Information auf dem Bildschirm zur Verfügung steht, wächst unsere Ungeduld mit jeder Sekunde des Wartens. Während Generationen vor uns noch ohne Murren ganze Tage in den Bibliotheken mit der Suche nach Informationen zubrachten, werden wir heute schon nach wenigen Suchsekunden unruhig, weil sich unsere gesamte Wissensrezeption gewandelt hat: Je mehr Wissen uns zur Verfügung steht, desto weniger Zeit haben wir für die Suche. Und desto schmerzlicher empfinden wir die vor dem Bildschirm ‚vergeudete' Zeit.

## 2. Die Wissens- und Informationsgesellschaft ist bereits Realität

Kein Zweifel: Wir sind nicht mehr auf dem Weg in die Wissens- und Informationsgesellschaft, wir sind längst mittendrin. Das wird erkennbar daran, dass der schnelle und direkte Zugriff auf Wissen und Informationen heute zum entscheidenden Produktionsfaktor geworden ist. Informationen stehen uns rund um die Welt jederzeit und überall dort zur Verfügung, wo ein Internetanschluss oder ein Handyempfang möglich sind.

Können wir also zur Tagesarbeit übergehen? Nicht ganz. Denn mit dem Wissensberg wächst auch die Gefahr, die gesuchten Informationen nicht rechtzeitig zu finden. Nach einer Studie der Universität Berkeley/Kalifornien werden täglich 7,3 Millionen Webseiten neu ins allgemein zugängliche World-Wide-Web gestellt. Da wird es zunehmend schwerer, wesentliche von unwesentlichen Informationen zu trennen und angesichts einer solchen Informationsschwemme den Überblick zu behalten.

Gerade für Unternehmen und Behörden wird das Finden der richtigen Information zur richtigen Zeit immer wichtiger. In ihren Datenbanken häufen sie rund um den Globus Informationen an. Das können Daten über Kunden sein, über Produkte und Prozesse, über Neuentwicklungen, Controlling-Daten, Finanzzahlen und vieles mehr. Jeder Bereich pflegt ‚seine' Dateien, ohne zu wissen, ob die gleichen Daten nicht schon in einer anderen Datei vorhanden sind. Dubletten blähen den Datenbestand künstlich auf. Doch obwohl immer wieder teure Programme für mehr Transparenz und zum Abbau von Dubletten aufgesetzt werden, bleiben die Ergebnisse dürftig.

## 3. Mit einem Ariadnefaden aus dem Informationslabyrinth

Auch in Zukunft wird diese Informationsflut weiter wachsen. Der bereits angesprochenen Studie zu Folge werden jährlich zwischen ein und zwei Exabytes – das entspricht einer Milliarde Gigabytes – an Informationen als elektronische Daten verfügbar gemacht. Pro Kopf der Weltbevölkerung sind das 250 Megabytes. Hinzu kommen die E-Mail-Informationen. Die Forscher aus Berkeley schätzen ihre Zahl auf jährlich zwischen 610 und 1000 Milliarden. Da fehlt ein Ariadnefaden, mit dem wir ganz individuell aus dem Informationslabyrinth herausfinden: Die Informationslogistik. War bislang die Informationstechnologie wichtigstes Werkzeug für effiziente Logistik, halten nun umgekehrt die Logistik und ihre Methoden Einzug in die Informationstechnologie. Das Ergebnis heißt Informationslogistik und bündelt die Synergien von Informationstechnologie und Logistik.

Informationslogistik ist eine innovative Technologie, die strukturierte und unstrukturierte Datenquellen mit neuronalen Methoden auf Ähnlichkeiten absucht und Zusammenhänge zwischen Daten und Dokumenten herstellt. Ziel ist es, jede Information zu jeder Zeit am gewünschten Ort nach individuellem Bedarf verfügbar zu machen.

## 4. Die Wissensgesellschaft braucht Informationslogistik ...

Daraus ergeben sich vielfältige Einsatzmöglichkeiten. Wobei wir im Gespräch mit unseren Kunden immer wieder neue Anwendungsgebiete entdecken. Da ist beispielsweise eine große Versicherungsgesellschaft. Sie führt die Daten ihrer Kunden getrennt nach einzelnen Versicherungssparten (Leben, Auto, usw.). Durch den Einsatz der Informationslogistik-Software kann sie über die einzelnen Versicherungssparten hinweg die verschiedenen Versicherungsverträge für jeden Kunden ermitteln. Das funktioniert selbst dann, wenn der Kunde unter verschiedenen Vornamen oder gar mit fehlerhaftem Namen geführt wird. So kann das Unternehmen nicht nur seine Kunden gezielter ansprechen; durch den Sammeleinzug aller Beiträge pro Kunde spart es auch beträchtliche Kosten.

Im Online-Business bietet sich der Einsatz der Informationslogistik ebenfalls an. Hier haben die hohen Fehlertoleranzen den Bedienungskomfort eines großen Internetbuchportals deutlich verbessert. Seitdem ist nicht nur die Trefferquote bei der Eingabe von Titeln oder Autoren drastisch gestiegen, gleichzeitig konnte auch das Abwandern zum Wettbewerber verringert werden.

Auch das elektronische Regieren, neudeutsch E-Government genannt, ist ohne Informationslogistik nicht realisierbar. Wenn die Bundesregierung etwa bis zum Jahr 2005 in Deutschland mehr als 300 Services im Internet anbieten möchte, benötigt sie eine Technologie, mit der die Bürger auch ohne präzise Kenntnis des passenden Begriffs zu den gesuchten Informationen und Diensten gelangen. Statt eines ‚Service unbekannt' erhält der elektronische Nutzer dann eine Auswahl jener Dienste angeboten, die inhaltliche Ähnlichkeiten zu seiner Eingabe aufweisen.

Diese Beispiele mögen einen Eindruck davon geben, welche Potenziale mit Hilfe der Informationslogistik erschlossen werden können. Zumal gleichzeitig die Informationsprozesse einfacher und überschaubarer werden.

## 5. ... und gleichzeitig mehr Komfort für den Einzelnen

Eine große Gefahr für die Wissens- und Informationsgesellschaft liegt in der erdrückenden Masse von Wissen, die über uns hereinbricht. Die Informationslogistik bietet Unternehmen mehr Effizienz beim Recherchieren und Verteilen von Wissen, dem Einzelnen verhilft sie zu mehr Komfort beim Aufspüren der für ihn relevanten Informationen.

Und so werden wir schon in wenigen Jahren einen digitalen Butler an unserer Seite haben, der genau weiß, welche Informationen wir benötigen und sie uns gegebenenfalls sogar proaktiv beschafft. Egal, ob wir gerade Geschäfte machen, gemütlich zu Hause fernsehen möchten oder unterwegs sind. Wir erhalten die richtige Information zur richtigen Zeit an jedem Ort.

*Gerald Heydenreich*

# Die New Economy – Von der Vision zur Realität

## 1. Einleitung

Wenn man auf die vergangenen sechs Jahre Achterbahnfahrt an den internationalen Finanzmärkten zurückblickt, erscheint das, was dort geschehen ist, als fantastisch und unmöglich. Aus der Perspektive und mit dem Wissen über die viel zitierten Parallelen des Eisenbahnhypes wird auch klar, dass diese Entwicklung ein neues Zeitalter ankündigte – das Zeitalter der Informationstechnologie.

Natürlich hat auch vorher die Computerwelt maßgeblichen Einfluss auf die gesamtwirtschaftliche Entwicklung genommen. Aber erst durch die weltweite Beteiligung der breiten Bevölkerungsschichten am Internetaktienboom wurde die Informations- und Internettechnologie demokratisiert. Plötzlich hörte man an allen Ecken Gespräche über neue Internetgeschäftsmodelle und die schnellsten und günstigsten Internetverbindungen. Anschlüsse wurden in die eigenen vier Wände verlegt, und war es nur, um die Aktienkurse zu verfolgen. Die Industrialisierung in der westlichen Welt wurde zu Grabe getragen und ein neues Zeitalter hatte begonnen.

Dieser Artikel ist die abstrakte Betrachtung der Old und der New Economy aus der Sicht eines Mitglieds der „neuen Gründungsgeneration“. Eine Lösung für den systeminhärenten Konflikt gibt der Artikel nicht. Aber vielleicht regt er zum Nachdenken an, über das, was um uns herum täglich geschieht.

## 2. Was ist die New Economy?

Es gibt sie nicht, *die* New Economy. Manche Autoren setzen sie gleich mit dem Internet. Aber was ist das Internet? Technologie? Netzwerk? Webseiten?

Man kann die New Economy besser verstehen, wenn man sie aus der Perspektive betrachtet und Parallelen zur Geschichte zieht. Vor 1900 hätte man die aufkommende Industrialisierung und das neue Transportmittel Eisenbahn als New Economy bezeichnen können. Zuvor war die Agrarwirtschaft die New Economy. Also ist die New Economy am besten als das Auftreten eines neuen Zeitalters zu beschreiben, in diesem Falle das des Informationszeitalters. Um die New Economy zu erfassen, müssen verschiedene Ebenen betrachtet werden.

Zunächst gibt es die sogenannte „Werkzeugebene". Im Industriezeitalter stand die Maschine im Mittelpunkt, die dem Menschen die physischen Tätigkeiten abnahm.[1] Im Informationszeitalter steht der Computer und das weltumspannende Internet im Mittelpunkt und sollte zumindest theoretisch dem Menschen das Denken erleichtern und Arbeitsprozesse optimieren.

Des Weiteren gibt es die „Arbeitsebene". Im Industriezeitalter war es notwendig, dass die Menschen physisch an einem Ort waren, um die Maschinen zu bedienen. Fabriken und Industriekomplexe entstanden, in denen nach tayloristischen Arbeitsprinzipien Menschen ihr kleines Arbeitspaket leisteten. Im Informationszeitalter ist dies nicht mehr zwingend notwendig. Der Computer und das Internet sind überall einsetzbar, sei es auf Bali oder in Bottrop. Gleichzeitig steht der einzelne Mensch mehr und mehr im Mittelpunkt, er muss Gesamtprojekte durchführen, die individuelle Verantwortung ist heute wesentlich größer. Er vermarktet sein Wissen und ist verantwortlich für seine persönliche Weiterentwicklung. Deshalb wird oftmals auch statt vom Informationszeitalter vom Wissenszeitalter gesprochen.

Als dritte Ebene ist die „Transportebene" zu nennen. Natürlich war im Industriezeitalter die Eisenbahn das wichtigste Transportmedium, mit dem die physischen Güter von einem Ort zum nächsten gebracht wurden. Im Informationszeitalter ist das Medium das Internet, das es erlaubt, Informationen in Sekundenschnelle von einem Ort zum nächsten zu senden.

Schließlich gibt es die „Güterebene". Im Industriezeitalter standen Produkte im Mittelpunkt. Heute, im Informationszeitalter, spricht man von Lösungen oder Informationsgütern. Diese sind dadurch gekennzeichnet, dass man verschiedene Produkte oder Informationen so zusammenführt, dass sie nicht nur ein Einzelproblem, sondern ein ganzen Systemproblem lösen. Dies verlangt natürlich ein wesentlich breiteres Verständnis der Gesamtzusammenhänge und – daraus folgend – der alternativen Lösungsansätze.

Dies sind die vier Ebenen der New Economy, und wenn man sich die fundamentalen Unterschiede zwischen dem Industriezeitalter und dem Informationszeitalter ansieht, wird auch plötzlich klar, warum es eine neue Gründergeneration gibt und wodurch der Aktienaufschwung entstanden ist.

---

1 Natürlich besteht das Industriezeitalter weiterhin, aber es wird deutlich, dass immer weniger Unternehmen immer mehr Güter produzieren und irgendwann wird es vielleicht weltweit nur noch 5 Unternehmen geben, die alles produzieren, was die Menschheit benötigt. Genau wie heute der Anteil der Agrarwirtschaft in den meisten Volkswirtschaften unter 15% liegt, wird in Zukunft vielleicht der Anteil der Industrie unter 15% liegen.

# 3. Warum entstand die neue Gründergeneration? Erfahrungen während des Hypes

Meine Generation hat, wie keine andere, den Luxus des Wachstums, des Friedens, der Demokratie und der unbegrenzten Ausbildungsmöglichkeiten erfahren. Und ganz nach dem Prinzip der Maslov'schen Bedürfnispyramide stand nach der Befriedigung der Grundbedürfnisse, nach dem Studium die „Selbsterfüllung" im Vordergrund. Der Eintritt in einen großen Konzern versprach genau diese Möglichkeiten. Und so ging man mit den Ideen der New Economy bewaffnet in die Welt der Old Economy. Das Zusammenprallen der Ideen und „Kulturen" war vorprogrammiert.

Nun gibt es natürlich sehr unterschiedliche Charaktere. Die einen lernen, ihre Visionen und Träume zu begraben und passen sich dem mächtigen System an. Die anderen werden zu Aufständlern, die versuchen alles zu ändern und die Old Economy zur New Economy zu drängen. Das ist ein Kampf gegen Windmühlen, denn die bestehenden Organisationen ändern, wenn überhaupt, nur sehr langsam ihren eingeschlagenen Kurs. Und natürlich sitzen auf den wichtigen Posten diejenigen, die in dem Old-Economy-System groß geworden sind. Und Wandel ist immer anstrengend und problematisch, warum also etwas ändern, wenn doch alles einigermaßen läuft?

Für den Einzelnen bleiben drei Möglichkeiten: ändern, akzeptieren oder ausscheiden. Viele derjenigen, die als die „Neue Gründergeneration" bezeichnet werden, haben den letzten Weg gewählt und sich aus den Unternehmen der Old Economy zurückgezogen. Die Austrittsbarrieren waren meist noch niedrig, zusätzlich lockte der Traum vom schnellen Reichtum. Tausende sind weltweit diesem Traum gefolgt und plötzlich entstanden kleine dynamische Unternehmen, die den alteingesessenen Unternehmen in dieser Informationsgesellschaft Paroli boten. Das war nur deshalb möglich, weil sie den Ballast der Old Economy über Bord geworfen hatten und sich auf allen vier Ebenen der New Economy verschrieben hatten. Ratlosigkeit und Furcht entstand bei den angestammten Unternehmen, kleine Internetfirmen waren plötzlich an der Börse mehr wert als Großunternehmen vom Schlage einer Boeing. Und alle ließen sich von diesem Traum leiten, investierten und kauften, was es zu kaufen gab.

Die Portum AG wurde kurz vor dem Hype im Wohnzimmer von vier ehemaligen IBM-Kollegen und mit dem letzten Ersparten mit der New-Economy-Vision gegründet. Es war das Ziel, einen Ort zu schaffen, an dem die Menschen genau das tun, was ihnen liegt, mit Herzblut bei der Sache sind und ihr Wissen bestmöglich einsetzen. Als Geschäftszweck stand im Handelsregister: Entwicklung und Betrieb einer elektronischen Handelsplattform. Der erste Kontakt mit Risikokapitalgebern trug uns eine blutige Nase ein, weil wir naiv waren. Der zweite Kontakt brachte uns 5 Mio. € und das Startkapital, um aus einer bloßen Idee ein konkretes Geschäftsmodell zu entwickeln.

12 Monate schwammen wir bei diesem rauschartigen Aufschwung, und auch nach dem Platzen der Blase im Mai 2000 gelang es uns, nochmals 10 Mio. € zu erhalten. Allerdings nur, weil wir zwar einerseits die Annehmlichkeiten des allgemeinen Booms dankend annahmen (Publicity, hohe Bewertungen), aber gleichzeitig sehr hart an der Realität mit Kunden im Kontakt waren. Wie viele andere Unternehmen hatten wir anfangs gedacht, man könnte sich hinter einer gut gemachten Webseite und innovativer Technologie verstecken und die Kunden würden den Rest erledigen. Nach nur 3 Monaten war klar, dass unsere Zielgruppe, Einkäufer in Großunternehmen, zunächst missioniert werden musste – mit echten Beispielen und wirklichem Wert, der durch unsere Leistung generiert wird.

## 4. Die Realität schlägt zurück

Und so verschwand die Anfangsvision sehr schnell, und es ging daran, innerhalb kürzester Zeit ein komplettes Unternehmen mit allen Prozessen und Mitarbeitern zu gestalten, eine Marke aufzubauen, zahlende Kunden zu gewinnen und den großen Wettbewerbern, die plötzlich auch diesen Markt entdeckten, die Stirn zu bieten. Das passierte auf die gleiche Weise, in der seit hunderten von Jahren Unternehmen gegründet worden waren – allerdings nicht mehr mit dem Luxus des langsamen Wachstums, sondern mit der Maßgabe, in einem Viertel der Zeit den gleichen Status zu erreichen wie etablierte Großunternehmen.

Der Weg war mit Dornen und Steinen bedeckt, aber in keinem anderen Umfeld der Welt war es möglich, innerhalb so kurzer Zeit so viel über sich und andere Menschen zu lernen. Im Grunde genommen wurde die „Neue Gründergeneration“ mit einem undichten Rettungsring aus Venturekapital ins Wasser geworfen und musste innerhalb kürzester Zeit schwimmen lernen.

Viele haben es nicht geschafft und sind untergegangen, aber diejenigen, die jetzt noch bestehen und die kommenden 12 Monate durchhalten, haben eine unglaubliche Chance. Die Märkte der New Economy fangen jetzt erst wirklich an sich zu entwickeln, einfach weil es mindestens 5-6 Jahre dauert, bis die Menschen die gelernten Gewohnheiten ändern und z.B. ihre CDs nicht mehr im Laden sondern im Internet kaufen.

## 5. Die One Economy – Mythos oder Möglichkeit

*Genau wie die Medien die New Economy kreiert haben, haben sie sie nach dem Ende des Hypes wie eine heiße Kartoffel fallengelassen. Plötzlich waren*

*Internet und dot.com „Unwörter". Sicherlich haben sich viele Unternehmen daran die Finger verbrannt, aber man sollte nicht vergessen, dass die New Economy eben nicht nur aus der Werkzeug- oder Produktebene besteht, die in vielen Bereichen vielleicht nicht das gehalten hat, was sie versprochen hat.*

Der Anspruch der „Neuen Generation", ihr Leben und ihre Arbeit anders zu gestalten als ihre Eltern, bleibt bestehen. Nach einer Gallup-Umfrage gehen im Schnitt 70% aller Arbeitnehmer am Montagmorgen unlustig zur Arbeit. Das war und ist sicherlich in der New Economy nicht der Fall. Und wenn man sich die One Economy wünschen würde, dann wäre sicherlich der größte Fortschritt erreicht, wenn wir es schaffen würden, die Arbeitsweise der New und der Old Economy zusammenzuführen und voneinander zu lernen.

Die Old Economy baut auf Struktur, Kapital, Erfahrung und Beständigkeit. Die New Economy lebt von Innovationsfähigkeit, Leidenschaft, Motivation und Erfahrungen in der „neuen Welt". Die Kombination erscheint wie das berühmte Dream Team. Bleibt abzuwarten, ob beide Seiten einen Schritt aufeinander zugehen und gemeinsam eine neue Zukunft gestalten.

*Malte Brettel, Florian Heinemann*

# abebooks/Just Books – Die Entwicklung eines profitablen Mittelständlers in der New Economy

## 1. Einführung

Seit dem Platzen der „Blase" im April 2000 hat die New Economy zweifelsohne einiges von ihrem einstigen Glanz verloren. Vorher erreichten einige der Startup-Gründer beinahe den Status von Popstars, waren gefragte Gesprächspartner in Politik und Gesellschaft. Dann folgte der jähe Absturz, den eigentlich alle „bereits im Vorfeld gesehen hatten". Niemand konnte sich mehr erklären, wie es denn überhaupt zu solch übertriebenen Entwicklungen hatte kommen können. Die Jahre 1998 bis 2000 waren mit Sicherheit ein Paradebeispiel für Irrationalität in der sonst so vermeintlich rationalen Welt der Wirtschaft und Finanzmärkte.

Die heutige Situation gestaltet sich etwas anders: Zwar waren und sind die Möglichkeiten des – immer noch – neuen Mediums Internet gewaltig. Der „richtige" Weg zum monetären Abschöpfen des Kundennutzens, auf dem letztlich jede erfolgreiche Geschäftsidee beruht, ist bei zahlreichen existierenden Konzepten jedoch immer noch unklar. Man befindet sich in einem steten „Trial&Error"-Prozess, der für ein junges Medium wohl auch realistisch und angemessen erscheint.

Für welche Services ist der Kunde bereit zu zahlen? Wie hoch ist seine Zahlungsbereitschaft? Wie kann man die Skalierbarkeit eines Modells steigern? Diese und andere sind die Fragen, die man sich in der New Economy stellt, um sukzessive den unabdingbaren, differenzierten Erfahrungsschatz im Umgang mit dem Medium Internet aufzubauen.

JustBooks bzw. abebooks hat sämtliche Phasen der Entwicklung durchlaufen:

- Die JustBooks.de GmbH wurde im September 1999 während des ansteigenden „Hypes" in Düsseldorf gegründet. Die deutschsprachige Seite ging im Oktober 1999 zu Beginn der Frankfurter Buchmesse online. Im Juni 2000 folgten der Launch der englischen und im März 2001 der Start der französischsprachigen Website.
- Die Erstfinanzierung von JustBooks erfolgte über Wagniskapital von Business Angels. Im Dezember 1999 beteiligte sich Burda Media als

strategischer Risikokapitalgeber. Es folgten zwei Anschlussfinanzierungen – im wesentlichen getragen durch Burda Media.

- JustBooks wurde am 1. Oktober 2001 durch den kanadischen Wettbewerber, Advanced Book Exchange Inc., im Rahmen eines Aktientausches übernommen. Zusammen bilden sie mit einem Angebot von 35 Mio. Titeln von über 10.000 Händlern aus 42 Ländern die größte Plattform für antiquarische, vergriffene und gebrauchte Bücher weltweit.
- Zum heutigen Zeitpunkt betreibt die abebooks Europe GmbH (ehemals JustBooks.de GmbH) unter den Domains www.abebooks.de, www.abebooks.co.uk und www.abebooks.fr Marktplätze für den Kauf und Verkauf von antiquarischen, vergriffenen und gebrauchten Büchern im Internet. Die kanadische Muttergesellschaft Advanced Book Exchange Inc. (ABE) ist seit 1996 aktiv und derzeit mit den Websites www.abebooks.com bzw. www.abelibrary.com online.
- Die gemeinsame Einheit ABE/JustBooks mit Büros in Victoria, B.C. und Düsseldorf arbeitet profitabel und beschäftigt derzeit fast 100 feste Mitarbeiter.

Im folgenden Text werden die Erfahrungen der letzten zweieinhalb Jahre anhand der unterschiedlichen Phasen der Unternehmensentwicklung nachgezeichnet. Zunächst möchten wir auf Idee, Gründung und Aufbau von JustBooks in der „Hype"-Phase der New Economy eingehen. Es folgt eine Betrachtung der anschließenden Konsolidierung, die geprägt war von einer Professionalisierung in sämtlichen Bereichen und Prozessen des Unternehmens. In vielen Unternehmen der New Economy war dies sicherlich eine Phase, deren Verlauf maßgeblich für das letztendliche Überleben war. Den Abschluss dieses Berichts bildet die Schilderung der Vorbereitung bzw. Realisierung der Akquisition von JustBooks durch ABE sowie der weitgehend abgeschlossenen Integration der beiden Unternehmen. Auf das Wesentliche reduziert, ist dies der Erfahrungsbericht eines international agierenden Mittelständlers in einem sehr dynamischen Umfeld – nicht mehr, aber sicherlich auch nicht weniger.

## 2. Idee, Gründung und Aufbau im „Hype"

Mitte des Jahres 1999 war eine spannende Zeit. Ein Art Goldgräberstimmung kündigte sich an. Börsengänge am Neuen Markt resultierten in exorbitanten Gewinnen für die glücklichen Erstzeichner, Alando war soeben an eBay verkauft worden – ein Ende war nicht in Sicht. Eine Vielzahl von Ideen und Konzepten kursierten. Häufig waren es Konzepte, die kürzlich jenseits des Atlantiks mit einer größeren Summe an Risikokapital versehen worden waren. Es konnte also eigentlich nichts schief gehen.

Ähnlich war es auch bei JustBooks: An der Wissenschaftlichen Hochschule für Unternehmensführung (WHU) in Vallendar bei Koblenz war ein wahres Gründerfieber entbrannt. Drei der sechs Alando-Gründer entstammten der Hochschule und so fühlten sich viele gleichsam berufen, als Internet-Unternehmer ihr Glück zu versuchen – so auch wir.

Dieser Abschnitt gliedert sich in zwei Teile: Zunächst soll näher auf Idee und Markt eingegangen werden. Anschließend werden Gründung, Finanzierung und Aufbau beleuchtet.

## 2.1 Idee und Markt

Zwei der späteren fünf Gründer von JustBooks entwickelten zunächst aus ihrer persönlichen Erfahrung als Studenten und später als Doktoranden die Idee einer studentischen Austauschbörse für gebrauchte Fachbücher. Der Bedarf war offensichtlich: Ein Großteil der vergleichsweise teuren Fachliteratur[1] wurde lediglich für die Prüfungsvorbereitung benötigt. Gleichzeitig waren jedoch in der Bibliothek, dem designierten Lieferanten für temporären Literaturbedarf, nur in unzureichendem Maße Exemplare des jeweils dringend benötigten Werks vorhanden. Zusätzlich bestärkte der Blick über den Atlantik: Dort war der institutionalisierte Austausch von gebrauchter Fachliteratur seit längerem Usus.

Trotz des etwas „Hype"-verklärten Blicks wurde jedoch bald deutlich, dass es schwer möglich sein würde, nur auf Basis von durch Studenten eingestellten Fachbüchern die für einen funktionierenden Marktplatz erfolgskritische Angebots-Nachfrage-Spirale in Gang zu bekommen. Diese begann nun einmal mit einem Mindestmaß an Angebot. Durch diese Überlegung stießen wir schließlich auf die zweite Seite des Marktes: Antiquarische und vergriffene Bücher. Dieser Markt erschien ideal für das Internet: Fragmentiert, lokal und intransparent spielte er sich hauptsächlich in Antiquariaten, Versandkatalogen, auf Messen oder Flohmärkten ab. Die gezielte Suche nach vergriffenen Büchern gestaltete sich äußerst zeitintensiv und umständlich. Dementsprechend schwer war es für Käufer und Verkäufer, zueinander zu finden.

Der damit verbundene Such- und Informationsaufwand führte zu vergleichsweise hohen, häufig prohibitiv hohen Transaktionskosten. Die Folge waren ein geringes Maß an Markteffizienz und ein entsprechend niedriges Marktvolumen. Laut Schätzungen des Börsenvereins des deutschen Buchhandels belief sich der jährliche Handel von vergriffenen und antiquarischen Büchern im deutschsprachigen Raum auf ein Volumen zwischen 500 und 800

---

1 Das durchschnittliche deutschsprachige, universitäre Fachbuch kostet ca. 36 Euro (Quelle: Börsenverein des deutschen Buchhandels, 2000)

Mio. Mark. Dies entsprach ca. 3% des Marktes für Neubücher, der sich laut Börsenverein im Bereich von 18 Mrd. DM jährlich bewegt.

Ein Online-Marktplatz bietet hier die Chance der Bündelung von Angebot und Nachfrage. Für beide Seiten ist der Kundennutzen evident: Nachfrager haben nun die Möglichkeit, strukturiert über eine Suchanfrage auf das Angebot einer Vielzahl von Anbietern zuzugreifen. Gleichzeitig erhalten Anbieter einen komfortablen Zugang zu einem überregionalen Kundenkreis. Dies wird begünstigt durch die sehr gute Beschreibbarkeit und den hohen Standardisierungsgrad von Büchern. Im Vergleich zu Neubüchern entsteht bei Secondhand-Büchern lediglich eine zusätzliche Unsicherheit: der Zustand. Aber auch dieser lässt sich mittels entsprechendem Fachvokabular recht gut beschreiben.

Ein funktionierender Marktplatz kann also die mit dem Handel verbundenen Transaktionskosten der Marktteilnehmer nachhaltig reduzieren, somit die Markteffizienz steigern und mittel- bis langfristig auch das absolute Marktvolumen deutlich erhöhen – zumindest theoretisch. Erfahrungen aus den Vereinigten Staaten zeigten, dass über das Medium Internet bei entsprechender Penetration eine Steigerung des relativen Marktvolumens von 3% auf bis zu 10% des Neubuchmarktes möglich sein sollte.

Es galt also, die zwei bereits angesprochenen Teilmärkte zu erschließen: Zum einen den Markt für gebrauchte Literatur, wo Käufer in der Regel durch den im Vergleich zur Neuware billigeren Preis angezogen werden; zum anderen den Markt für antiquarische und vergriffene Bücher, wo die Erhältlichkeit bestimmter Exemplare einen erheblichen Kundennutzen darstellt.

Als Intermediär bzw. Vermittler zwischen Marktteilnehmern war es der Plan von JustBooks, an jeder vermittelten Transaktion über eine prozentuale Gebühr zu partizipieren. Dementsprechend musste eine möglichst effiziente Abwicklung des Handels gewährleistet und eine stetig ansteigende Handelsaktivität erreicht werden. Hieraus leiteten sich die folgenden Herausforderungen ab:

- Akquisition und Bereitstellen eines möglichst umfassenden Buchangebots
- Nachfragerseitiges Marketing: Ansprache von geeigneten Zielgruppen für die angebotenen Produkte über unterschiedliche Medien und Marketingformen
- Betrieb und Weiterentwicklung des Marktplatzes: Bereitstellen eines Systems, über das Buchbestände der teilnehmenden Anbieter durchsucht bzw. verwaltet, getätigte Transaktionen bearbeitet und die Abrechung der Transaktionsgebühr gewährleistet werden kann.

Hervorzuheben ist hierbei, dass komplexe und mit hohen Investitionen verbundene Funktionen wie Logistik oder Zahlungsabwicklung zwar unterstützt oder auch vorbereitet werden. Die Abwicklung selbst erfolgt jedoch vollständig dezentral direkt zwischen Käufer und Verkäufer. JustBooks ist somit – ähnlich wie beispielsweise eBay – ein sogenanntes „Low-Touch"-Internetgeschäft. Es besteht zu keinem Zeitpunkt physischer Kontakt mit der gehandelten Ware, was mögliche Quellen von Ineffizienz und damit Kosten seitens JustBooks im Vorhinein ausschließt. Dies trägt maßgeblich zur Skalierbarkeit des Modells bei.

Wie bereits angesprochen, war neben einem klar erkennbaren Kundennutzen entscheidend, dass es möglich sein würde, einen Teil dieses Kundennutzens monetär über eine prozentuale Transaktionsgebühr abzuschöpfen. Diese Gebühr sollte aufgrund der geringeren Komplexität und der zu erwartenden, besseren Zahlungsmoral vom Anbieter und nicht vom Käufer erhoben werden.[2] Das Einstellen von Büchern sollte dagegen völlig kostenlos sein, um eine möglichst große Angebotsbreite und -tiefe zu erreichen.

Für den Anbieter war die Zusammenarbeit mit JustBooks somit weitgehend risikolos: Kosten entstanden nur bei erfolgreichem Verkauf. Die Botschaft an potentielle Verkäufer war somit klar: „Wir gewinnen, wenn Sie gewinnen. Wir sitzen in einem Boot."

Die Zahlungsbereitschaft der Anbieter sollte sich nach unseren Überlegungen wesentlich nach den Kosten alternativer Vertriebskanäle bestimmen; also vor allen Dingen der Verkauf im Ladengeschäft, über Versandkataloge sowie auf Messen oder Flohmärkten. Je nach Struktur der Anbieter liegen dabei die Kosten dieser Kanäle bei mindestens 20 Prozent des Verkaufspreises. Für den Vertriebskanal Internet sollte folglich eine Zahlungsbereitschaft zumindest in dieser Höhe bestehen – rational handelnde Akteure vorausgesetzt.

Darüber hinaus hat jedoch die Konkurrenzsituation einen maßgeblichen Einfluss auf die Zahlungsbereitschaft. Diese stellt sich im Markt für vergriffene Bücher wie folgt dar: Neben der Buchkategorie von eBay ist das Zentrale Verzeichnis Antiquarischer Bücher (ZVAB) als wesentlicher Konkurrent anzusehen.[3] Das ZVAB wurde als erster internetbasierter Marktplatz in diesem Bereich bereits 1996 gegründet. Mitte des Jahres 1999 erfolgte die Übernahme durch die börsennotierte Mediantis AG (ehemals buecher.de AG), die in der Folgezeit unter anderem durch das Bereitstellen von Marketingleistung maßgeblich zur positiven Entwicklung des ZVAB beigetragen hat. Das ZVAB verfolgte zunächst eine Preispolitik, die in Deutschland zu einem im internationalen Vergleich niedrigen Preisniveau für den angebotenen Vermitt-

2 Die Anzahl der Anbieter ist im Vergleich zu den Käufern wesentlich geringer. Entsprechendes gilt demzufolge für die Zahl der Rechnungsempfänger bei einer verkäuferseitigen Umsatzprovision. Des Weiteren sind Anbieter in der Regel an einer dauerhaften Geschäftsbeziehung interessiert; ein Umstand, der die Zahlungsmoral positiv beeinflusst.

3 Es existieren noch weitere, kleinere Wettbewerber, deren Bedeutung – zumindest derzeit – eher begrenzt ist.

lungsservice geführt hat.[4] Insgesamt betrachtet ist die Wettbewerbsintensität im Markt für vergriffene Bücher aber sicherlich als weitaus geringer anzusehen als im Online-Neubuchmarkt.

## 2.2 Gründung, Finanzierung und Aufbau

Nach zahlreichen Konstellationswechseln fand sich während des Sommers 1999 ein Team von fünf Personen aus dem Umfeld des Lehrstuhls für Controlling und Logistik an der WHU: Zwei Wirtschaftsingenieure, zwei Betriebswirte und ein Informatiker im Alter zwischen 23 und 32 Jahren. Keiner hatte nennenswerte Erfahrung in der Buchbranche.

Hinsichtlich einer Finanzierung gestaltete sich das Umfeld sehr günstig. Deutschland hatte das Risikokapital entdeckt – oder auch umgekehrt. Zu investierendes Kapital war vorhanden, der Engpass lag eindeutig bei erfolgversprechenden Ideen und Teams. Zwar hatten die Bewertungen für junge Unternehmen, insbesondere aus dem Internet-Bereich, noch nicht die Höhen des Frühjahrs 2000 erreicht. Nichtsdestotrotz flossen bereits erkleckliche Summen für Konzepte, die lediglich auf dem Papier existierten.

Unser Ziel war es, zunächst eine Finanzierung über sogenannte Business Angels sicherzustellen. Mit diesen Mitteln planten wir, das Produkt zu entwickeln und erste Marketing-Maßnahmen durchzuführen. Auf Basis sich hoffentlich einstellender Erfolge sollte dann zu verbesserten Konditionen eine größere Summe im mittleren siebenstelligen Bereich aufgenommen werden. Erst mit Abschluss dieser Finanzierung planten wir, feste Mitarbeiter einzustellen.

Natürlich stellte diese erste Phase darüber hinaus einen letzten Test dar, ob das von uns eher theoretisch hergeleitete Marktpotential auch tatsächlich erschlossen werden könnte. Dies war mit Sicherheit eine der wesentlichen Lehren aus der Anfangsphase der New Economy: Die Bedeutung von Marktpotentialen wurde eindeutig überbewertet. Insbesondere im Bereich B2B kursierten schnell Milliardensummen an potenziellen Umsätzen. Doch die Schwierigkeit für Start-ups, in einem absehbaren Zeitfenster auch nur einen winzigen Bruchteil dieser Summen tatsächlich über die eigenen Kanäle zu schleusen, wurde bei weitem unterschätzt.

Es gelang recht schnell, drei versierte und engagierte Business Angels für unser Konzept zu gewinnen. Am 13. September 1999 wurde die JustBooks.de GmbH in Düsseldorf gegründet.

Genau einen Monat später ging der deutschsprachige Marktplatz halbwegs funktionstüchtig zum Start der Frankfurter Buchmesse mit einem Bestand von fast 100.000 Büchern online. Dort verfügten wir vermutlich über

4 Seit Oktober 2001 haben sich die Preise des ZVAB und von abebooks/JustBooks jedoch angeglichen.

den einzigen Stand, auf dessen knapp zehn Quadratmetern kein einziges Buch zu finden war. Noch dazu waren wir in der Halle „Sachbuch" vollkommen falsch platziert. Nichtsdestotrotz war die Kundenresonanz positiv. Am ersten Tag verzeichneten wir sechzehn Transaktionen und so fuhren wir bestärkt zurück nach Düsseldorf.

In der Startphase waren zunächst zwei Ziele von Bedeutung:

- Aufbau eines ausreichend attraktiven Buchangebots
- Schaffen von Markenbekanntheit bei potenziellen Nachfragern dieser Bücher

Für die Strategie bedeutete das zweierlei: Erstens wurde in Absprache mit den Kapitalgebern der Service von JustBooks in den ersten Monaten kostenfrei angeboten. Dies diente dazu, Buchanbieter von den Vorzügen des zusätzlichen Vertriebskanals Internet zu überzeugen. Zum zweiten war die Anfangszeit geprägt durch Marketingmaßnahmen, die die Markenbekanntheit fördern, den „Traffic" auf der Website erhöhen und die Zahl der registrierten Nutzer steigern sollten. Monetär ausgerichtete Ziele spielten zunächst keine Rolle. Im Vordergrund standen die „Web-Metrics" wie Visits, Page Views, registrierte Nutzer, Anzahl Transaktionen, Conversion Rates etc.

Bemerkenswert war auch die interne Organisation. Zwar wurden einzelne Aufgabenbereiche formal klar zugeteilt. Jedoch fühlte sich jeder von uns als Geschäftsführer für sämtliche Aspekte des jungen Unternehmens verantwortlich und so wurden anstehende Fragen häufig bis ins kleinste Detail im Gesamtkreis diskutiert. Wir erfüllten somit zwei der sicherlich hervorstechendsten Merkmale von Internet-Start-ups während dieser Zeit: Die Bedeutung von branchenspezifischem Know-how wurde eher als sekundär angesehen und die interne Organisationsstruktur glich der eines gleichberechtigten Kollektivs.

Dennoch stellten sich erste Erfolge ein und wir konnten im Dezember 1999 mit der Burda Beteiligungsholding (BBH) den Burda-Konzern als Investor gewinnen – ein zu diesem Zeitpunkt unbewusster Glücksgriff. Die Finanzierung gestaltete sich zu diesem Zeitpunkt fast schon verdächtig unkompliziert. Innerhalb von vier Wochen lagen drei Investitionszusagen über siebenstellige Beträge zu wirklich akzeptablen Bewertungen auf dem Tisch. Unvergessen blieb uns dabei das knapp zweistündige Treffen mit einem durchaus bekannten Risikokapitalgeber, der uns ungefähr 20% der Redezeit für die Vorstellung unseres Konzepts gewährte. Die verbleibende Zeit wurde für das Anpreisen des eigenen Netzwerks an Kontakten, insbesondere zu staatlichen Förderstellen, verwendet. Am Schluss stand die Zusage über eine Summe von 3 Mio. DM. Einen signifikanten Teil der Investitionssumme und den Großteil des Ausfallrisikos – nicht aber des potentiellen Gewinns – sollten eben diese staatlichen Förderstellen übernehmen. Es erschien uns, als sei die Venture-Capital-Branche, in der auf den ersten Blick der Kapitalismus in Reinform praktiziert wird, der am meisten unterstützte Sektor neben Kohle, Stahl und Landwirtschaft.

Frischen Mutes stellten wir nach Abschluss der Finanzierung die ersten festen Mitarbeiter ein und planten im Frühjahr 2000 die Internationalisierung unseres Konzepts in Richtung England. Den Gepflogenheiten der Zeit entsprechend bezogen wir schon wenig später ein Büro in London und starteten im Juni 2000 mit einer englischsprachigen Version von JustBooks.

## 3. Konsolidierung und Professionalisierung im „Niedergang“

Im März und April des Jahres 2000 erreichten die Bewertungen von Start-ups schließlich ihren Höhepunkt. Beispiele waren hier die virtuelle Drogerie Vitago oder auch das Meinungsportal Dooyoo. Mit der Pleite von Boo.com und dem damit verbundenen, öffentlichen Erkenntnisprozess über Erlösniveau bzw. –struktur sowie die Kostendisziplin dieses Unternehmens machte sich zunehmend Nervosität breit.

Und so kam eins zum anderen: Schlechte Nachrichten trafen auf wenig krisenerprobte New-Economy-Unternehmer, die sich nun zunehmend kritischen Blicken ausgesetzt sahen. Die meisten – auch wir konnten uns hier mit Sicherheit nicht ausnehmen – glichen „Schönwetter-Kapitänen“ bei rauer werdender See. Bald begannen die ersten finanziellen Probleme und die ersten Ex-Unternehmensberater bzw. -Investmentbanker begannen, Zuflucht bei ihren vorherigen Arbeitgebern zu suchen.

Auch bei JustBooks wurde schnell deutlich, dass unser derzeitiger Kurs umfassender Korrekturen bedurfte. Zwei Faktoren gewannen im Verlauf des Jahres 2000 für uns zunehmend an Relevanz: Zum einen schlug sich die schlechter werdende Stimmung an den Kapitalmärkten ohne Verzögerung bei Risikokapitalgebern nieder. Neues Kapital wurde somit immer teurer oder war nicht mehr verfügbar. Ein schnelles Erreichen des Break-Even wurde überlebenswichtig – auch wenn dadurch möglicherweise langfristige Gewinnpotentiale nicht genutzt werden konnten. Dies soll im Abschnitt 3.1 näher beleuchtet werden.

Zum anderen wurde deutlich, dass es im Internet-Bereich nur einigen wenigen reinen B2C-Unternehmen gelingen würde, zu angemessenen Kosten einen ausreichend großen, mit entsprechender Zahlungsbereitschaft ausgestatteten Kundenstamm zu akquirieren und zu binden. Insofern standen wir vor der Herausforderung, über alternative Modelle zu einer reinen B2C-Website nachzudenken. Diese Überlegungen werden in 3.2 erläutert.

## 3.1 Schritte in Richtung Professionalität und Profitabilität

Im Zuge der angestrebten Profitabilität ersetzten monetäre Kennzahlen die angesprochenen „Web-Metrics" als dominierende Steuerungsgrößen. Funktionen wie Controlling und Reporting bekamen nun wesentlich mehr Aufmerksamkeit. Schrittweise änderte sich die gesamte „Denke" bei JustBooks. Die Frage „Wie viele Bücher müssen wir dafür vermitteln?" sorgte bei einer Vielzahl von Gelegenheiten dafür, dass sich in der Wahrnehmung aller Beteiligten ein angemessenes und realistisches Verhältnis von Ausgaben zu Einnahmen bildete. Dazu passte, dass sich allgemein das vormals intensiv betriebene, häufig inhaltlich nur schwer zu rechtfertigende „Socializing" zwischen verschiedensten Vertretern der New Economy auf ein Minimum reduzierte. In der Retrospektive mag sich dies trivial oder selbstverständlich anhören. Zu dem damaligen Zeitpunkt war es das mit Sicherheit nicht.

Als Konsequenz gab es für uns nur noch zwei wesentliche kurz- bis mittelfristige Ziele:

- Steigerung der Einnahmen – sowohl pro Kunde als auch über das Erschließen neuer Erlösquellen (siehe Abschnitt 3.1.1 bzw. 3.2)
- Senkung der Kosten, insbesondere der Akquisitionskosten pro Kunde (siehe Abschnitt 3.1.2)

Mit diesem zweigeteilten Ansatz sollte das Stadium der Profitabilität möglichst zeitnah erreicht werden. Ein erkennbarer „Path to Profitability" wurde für Risikokapitalgeber zum ausschlaggebenden Kriterium für die weitere Unterstützung ihrer Investments. Aus JustBooks und vielen anderen Internet Startups waren „ganz normale", kleine oder mittelständische Unternehmen geworden, die sich an den gängigen monetären Größen messen lassen mussten – die Schonzeit war vorbei.

### *3.1.1 Steigerung der Einnahmen*

Zu Beginn der Konsolidierungsphase galt es, einen Teil des generierten Kundennutzens monetär abzuschöpfen. Konkret bedeutete dies, die bereits beschriebene Transaktionsgebühr im Markt einzuführen und eine möglichst breite Akzeptanz für diesen Schritt zu erreichen. Damit sollte die Basis für eine von Online-Werbung unabhängige Einnahmenstruktur geschaffen werden.

Die Einführung der Gebühr erfolgte entsprechend den ursprünglichen Vorgaben des Business-Plans im Juli 2000. Allerdings waren die Begleitumstände deutlich weniger positiv, als wir uns dies beim Verfassen des Plans vorgestellt hatten. Die Transaktionsgebühr war nach steigendem Umsatz degressiv gestaffelt und lag zwischen 8 und 5% des generierten Umsatzes. Zum Juli 2001 erfolgte schließlich eine Erhöhung auf 10% und somit eine weitere

Annäherung an die von uns unterstellte, maximale Zahlungsbereitschaft der Anbieter im bestehenden Modell.

Entgegen unseren Befürchtungen verliefen sowohl die ursprüngliche Einführung als auch die spätere Erhöhung der Gebühren relativ komplikationslos. Letzteres wurde sicherlich auch dadurch begünstigt, dass unser Hauptkonkurrent, das ZVAB, im Rahmen der Entwicklungen bei buecher.de bzw. Mediantis die lange praktizierte Niedrigpreis-Politik aufgab. Des Weiteren verlor der jeder rationalen Grundlage entbehrende, aus den Frühzeiten des Internet stammende Grundsatz, dass „alles Gute im Netz kostenlos" sei, zunehmend an Bedeutung. Insbesondere eBay hat hier dankenswerte Pionierarbeit geleistet.

Flankierend wurden weitere Maßnahmen ergriffen, um die Einnahmen pro Kunde zu steigern:

- Aktiveres Management der bestehenden Kundenbasis:
  Mit Hilfe eines nach Themen und Zielgruppen differenzierten Newsletter-Angebots sowie interaktiver Elemente wie Gewinnspielen konnte die Aktivitätsrate der bestehenden Nutzer deutlich erhöht werden. Derzeit verschickt abebooks allein in Europa eine sechsstellige Anzahl an Newsletter-E-Mails pro Monat.
- Kontinuierliche und systematische Verbesserung der Website:
  Auch dies mag sich selbstverständlich anhören. Doch insbesondere in der Gestaltung des Online-Kaufprozesses liegt zweifelsohne eine der Hauptproblemquellen von E-Commerce-Anbietern. Des Weiteren konnte über eine Diversifizierung der Käuferperspektiven auf das Buchangebot und die Integration des Angebots in sämtlichen Bereichen der Website eine deutliche Steigerung des durchschnittlichen Volumens pro Bestellung erreicht werden.
- Einführung von kostenpflichtigen Zusatzservices:
  Über das Provisionskonto, über das jeder registrierte Nutzer bei abebooks verfügt, besteht die Möglichkeit, neben Verkaufsprovisionen auch Gebühren für Zusatzdienstleistungen abzurechnen. Ein Beispiel hierfür ist die Abrechung eines separaten Buchsuchdienstes.

### *3.1.2 Senkung der Kosten*

Zunächst sollte der absolute Kostenbetrag in jedem Unternehmensbereich deutlich reduziert werden. Darüber hinaus war es das Ziel, durch Effizienzgewinne bei zentralen, internen Prozessen ein höheres Maß an Skalierbarkeit des Modells JustBooks zu erreichen.

Exemplarisch sollen an dieser Stelle die Marketing-Kosten als wesentlicher Block herausgegriffen werden: Mitte des Jahres 2000 stellten diese neben dem Personalbereich – wie bei vielen anderen B2C-Startups – den größten Kostenblock bei JustBooks dar. Um bei den angestrebten Einsparungen einen

Rückgang des Wachstums zu verhindern, waren entsprechend kurzfristig Effizienzsteigerungen im Marketing notwendig. Dadurch veränderten sich unsere Marketingziele. Vergleichsweise längerfristig wirkende, indirektere Ziele wie Markenbekanntheit oder „Branding" rückten zugunsten der kurzfristigen Verringerung der Akquisitionskosten pro Kunde in den Hintergrund.

Wir konzentrierten uns daher zunehmend auf sehr zielgruppenspezifische Maßnahmen, bei denen die anfallenden Kosten möglichst eng an den Erfolg der Aktivität gekoppelt waren:

- Erfolgsabhängiges Online- bzw. Affiliate Marketing:
  Das Konzept des erfolgsabhängigen Online-Marketing beruht auf der Grundidee, Marketing-Leistung auf Basis des dadurch generierten Erfolgs zu bezahlen. Bei abebooks erhalten Marketingpartner eine Entlohnung für zusätzlich generierten Umsatz sowie für vermittelte Neukunden.[5] Der Pionier in diesem Bereich, Amazon, verfügt heute über eine siebenstellige Anzahl an Partner-Websites. Abebooks erreicht mittlerweile einen fünfstelligen Bereich. Zu diesen zählen ein weites Spektrum an Websites – von Focus Money über Lycos bis hin zu Unicum.
- Suchmaschinen-Optimierung:
  Neben internen Aktivitäten arbeitet abebooks hier auch mit externen Dienstleistern auf der bereits beschriebenen, erfolgsabhängigen Basis zusammen, um die eigene Position in den Ergebnisseiten von Suchmaschinen systematisch zu verbessern.
- „Mund-zu-Mund-Propaganda"-fördernde Maßnahmen, on- und offline:
  Ziel dieser Maßnahmen ist die Emotionalisierung von JustBooks, um die Kundenbindung zu steigern und den Anteil der Neukundengewinnung über persönliche Empfehlung zu erhöhen. Stärkstes Bindungsinstrument ist hier die Gewinnung von Anbietern. Diese weisen im Vergleich zu Käufern einen wesentlich höheren Bindungsgrad auf. Des Weiteren ist die Präsenz auf ausgewählten Buch- und Antiquariatsmessen anbieter- und auch käuferseitig von Bedeutung. Die handelnden Personen „hinter dem Marktplatz" werden „physisch erfahrbar".

Gleichzeitig verzichteten wir fast vollständig auf traditionelle Werbeformen wie beispielsweise Print-Anzeigen. Dieser Ansatz hat erheblich zur Steigerung der Marketing-Effizienz beigetragen. Sämtliche der aufgezählten Aktivitäten sind im Bezug auf ihre breite Öffentlichkeitswirkung anderen Marketingkanälen wie Print, Radio und Fernsehen deutlich unterlegen. Vielmehr zielen sie darauf ab, mit nutzwertorientierten Kommunikationsbotschaften bei möglichst geringen Streuverlusten gut abgrenzbare Zielgruppen über das Internet systematisch zu erschließen. Das scheint zu gelingen: Allein in Deutschland gewinnt abebooks monatlich derzeit mehr als 10.000 neue regi-

---

5 Das Internet bietet mittels unterschiedlicher Tracking-Methoden die Möglichkeit, über Partner-Websites generierte Umsätze und Registrierungen in Echtzeit nachzuvollziehen.

strierte Nutzer. Die Akquisitionskosten liegen bei etwas über einem Euro pro Kunde.

Eine weitere wichtige Maßnahme zur Senkung der Kosten war die Schließung des Londoner Büros. Seit Anfang 2001 werden die britische Website sowie britische Anbieter und Käufer mit Hilfe von Muttersprachlern durch das Düsseldorfer Büro betreut.

Wichtigstes Beispiel für interne Effizienzsteigerungen war die weitgehende Automatisierung der äußerst ressourcenintensiven Bestandsaktualisierung der Anbieter.[6]

## 3.2 Erweiterung des Modells – abebooks/JustBooks als virtueller Grossist

Im Folgenden soll eine weitere Maßnahme zur Steigerung der Einnahmen beleuchtet werden. Sie unterscheidet sich jedoch erheblich vom bestehenden Geschäftsmodell und wird daher separat behandelt.

Wie bereits in der Einführung zu diesem Kapitel beschrieben, wurde zunehmend deutlich, dass es trotz beschriebener Effizienzsteigerungen im Marketing schwer möglich sein würde, mit den vorhandenen Mitteln im gegebenen Marktumfeld kurz- oder selbst mittelfristig eine ausreichende Anzahl an Nachfragern über die eigenen Websites zu gewinnen. Andererseits verfügte JustBooks bereits in einer recht frühen Entwicklungsphase über ein einzigartiges Buchangebot als nur schwer zu imitierendes Asset.

Um die Problematik des Nachfrageengpasses zu lösen, sollte daher dieser Buchbestand über zusätzliche, geeignete Vertriebskanäle potenziellen Buchkäufern zur Verfügung gestellt werden. JustBooks sollte als „virtueller" Zwischenhändler für antiquarische und gebrauchte Bücher auftreten. Beide Parteien – der Betreiber des Vertriebskanals und JustBooks/abebooks – profitieren so von zusätzlich generierten Umsätzen bzw. Transaktionsgebühren.

Das Konzept wurde in Europa und Nordamerika bereits mit einer Reihe von Partnern erfolgreich umgesetzt. Zu den Kooperationspartnern gehören auf Neubücher spezialisierte, reichweitenstarke E-Commerce-Sites wie Amazon, Barnes&Nobles, BOL UK, Booxtra, Buch.de, Buchkatalog.de, WH-Smith oder Yahoo. Des Weiteren wird derzeit eine Einbindung des Buchbestands bei den größten Buchzwischenhändlern in Deutschland und England, Koch, Neff & Oettinger bzw. Gardners, implementiert. Damit ist der statio-

6 Zum Hintergrund: Im Gegensatz zu Neubuchanbietern wie Amazon handelt es bei den auf JustBooks/abebooks angebotenen Titeln in der Regel um Einzelexemplare. Da die Anbieter in den meisten Fällen ihre Titel auch über andere Kanäle (bspw. Antiquariate, Kataloge, Messen oder weitere Internet-Marktplätze) vertreiben, ergibt sich zwangsläufig die Notwendigkeit, den Datenbestand eines Anbieters in regelmäßigen Abständen zu aktualisieren.

näre Buchhandel in der Lage, über die bestehenden Bestellsysteme auch auf vergriffene Bücher zuzugreifen.

Die genannten Partner haben die Möglichkeit, zusätzliche Deckungsbeiträge zu erwirtschaften, ohne in zu starkem Maße ihr eigenes Angebot zu kannibalisieren. JustBooks/abebooks konnte so eine über den B2C-Kanal, also die eigenen Websites hinausgehende Erlösquelle erschließen.

# 4. Verkauf in den „sicheren" Hafen

Nach Gründung und Aufbau sowie Konsolidierung stellt die Akquisition durch einen strategischen Partner die dritte und vorerst letzte Phase der Unternehmensentwicklung von JustBooks dar. Zunächst möchten wir näher auf die Vorbereitung und den Vollzug der Akquisition eingehen (Abschnitt 4.1), bevor in 4.2 der anschließende Integrationsprozess beleuchtet wird.

## 4.1 Vorbereitung und Abschluss der Akquisition

In der ersten Hälfte des Jahres 2001 entwickelte sich JustBooks durchaus positiv. Die Aufgaben des englischen Büros konnten in die Abläufe in Düsseldorf integriert werden, die französische Seite war vielversprechend gestartet. Die Kosten hatten sich deutlich reduziert und gleichzeitig konnten wir ein solides Wachstum bei Transaktionen und Umsätzen verzeichnen. Wir befanden uns also auf dem angestrebten „Path to Profitability".

Dennoch wurde deutlich, dass es sich hierbei um eine graduelle Entwicklung handelte. Eine signifikante Beschleunigung dieses Prozesses war aus eigener Kraft kaum möglich. Insofern kamen wir mit unseren Investoren überein, dass die Suche nach einem strategischen Partner aus der Buchbranche, der uns zu einem Wachstumsschub verhelfen könnte, durchaus sinnvoll sei. Diese Überlegung wurde durch allgemeine Konsolidierungstendenzen im Online-Buchhandel unterstützt.

Ungefähr zur gleichen Zeit reifte bei ABE in Kanada der Entschluss, die führende Position auf dem nordamerikanischen Markt zu nutzen, um nach Europa zu expandieren. Insbesondere bei Antiquaren im angloamerikanischen Raum konnte abebooks eine erstklassige Reputation als der führende Marktplatz für antiquarische und vergriffene Bücher aufbauen, sowohl in Bezug auf die generierten Umsätze als auch für Prozesse und Kundenservice.

Als Brent James, President und CEO von ABE, sein Interesse bekundete, JustBooks zu akquirieren, stieß er dementsprechend auf offene Ohren. Kurze Zeit nach einem ersten Telefongespräch kam es zu einem Treffen in Düsseldorf. Wir nutzten das gemeinsame Wochenende, um das Konzept eines kombinierten Unternehmens zu entwerfen. Neben der unabdingbaren persönlichen Sympathie lagen die Vorteile für beide Seiten auf der Hand: Der Eintritt in den europäischen Markt würde für abebooks deutlich beschleunigt. Des Weiteren würde sich erlösseitig durch eine verbesserte Breite und Tiefe des Buchbestands die Position des gemeinsamen Unternehmens gegenüber bestehenden und potenziellen Kooperationspartnern deutlich verbessern. Darüber hinaus könnten Nutzer über vier Websites in drei Sprachen (USA/Kanada bzw. UK, Deutschland und Frankreich) den gesamten Bestand durchsuchen. Gleiches gilt für Anbieter, die über eine technische Schnittstelle ihren Bestand weltweit anbieten und auf einen dreisprachigen Kundenservice zurückgreifen könnten.

Auf der Kostenseite konnten ebenfalls Synergien identifiziert werden: Die Gleichartigkeit des Geschäfts bedingte die Nutzung eines gemeinsamen Back-Ends. Es sollten sich also Einsparungen im Bereich IT realisieren lassen. Ähnlich stellte sich die Situation im Kundenservice dar.

Inhaltlich waren wir uns nach diesem Wochenende einig, so dass nun gemeinsam mit Burda die finanzielle Seite der möglichen Akquisition verhandelt werden sollte. Es wurde schnell deutlich, dass ein Aktientausch die sinnvollste Lösung zur Abwicklung der Transaktion sein würde. Die verbleibende offene Frage, das Tauschverhältnis, konnte aufgrund der Anwesenheit aller beteiligten Parteien ebenfalls schnell geklärt werden.

Die anschließende, beiderseitige Due Diligence verlief problemlos. Zeitaufwendiger war die Ausarbeitung der Verträge, im Zuge dessen eine Reihe von Detailfragen, u.a. steuerlicher Natur, aufgeworfen und letztendlich auch beantwortet wurden. Selbst die Ereignisse des 11. September 2001 sorgten nur für eine zeitweise Unterbrechung, so dass am 1. Oktober die Verträge in Kanada unterschrieben wurden. Nun begann die eigentliche Arbeit.

## 4.2 Integration

Ziel war es, möglichst zeitnah die bereits angesprochenen Synergien im Bereich IT zu realisieren. So wurde zunächst der 1. Januar als Termin für den Start einer gemeinsamen, in Kanada entwickelten Plattform anvisiert. Zu diesem Zeitpunkt sollte auch die Gebührenstruktur von JustBooks von einer reinen Transaktionsgebühr auf eine Kombination von Einstellgebühr und reduzierter Verkaufsprovision umgestellt werden.[7] Bei Erfolg sollte dieses kombinierte Modell auch in Nordamerika Einsatz finden, wo sich abebooks bis dato als Listing-Service über eine monatliche Einstellgebühr finanziert hatte.

7 Die Idee war hierbei, die Einnahmenströme einerseits über eine Einstellgebühr zu verstetigen. Andererseits sollte abebooks über die Transaktionsgebühr als umsatzabhängige Komponente auch weiterhin an zunehmender Handelsaktivität partizipieren.

Im Zuge der Entwicklung der neuen Plattform musste JustBooks zum ersten Mal seit Bestehen zwei festen Mitarbeitern im IT-Bereich aus wirtschaftlichen Gründen kündigen. Die Stimmung in Düsseldorf war dementsprechend schlecht, auch wenn diese Entscheidung unter rationalen Gesichtspunkten einleuchtete. Als positives Signal wurde dann jedoch die gleichberechtigte Teilnahme am Mitarbeiterbeteiligungsplan von abebooks angesehen.

Die technische Integration lief zunächst schleppend an. Zwar war auf beiden Seiten des Atlantiks der Wille vorhanden. Doch fehlte es zu Beginn in einigen Bereichen an dem notwendigen Know-how, um ein derartig komplexes Projekt über Länder-, Sprach- und Zeitgrenzen hinweg effizient abzuwickeln und gleichzeitig das operative Tagesgeschäft nicht allzu sehr zu vernachlässigen. Doch die anfänglichen Probleme nahmen zusehends ab, so dass immerhin Mitte Februar 2002 die deutsch- und französischsprachigen Websites mit neuer Technik und Gebührenstruktur online gingen.

Die technische Integration wurde begleitet von einem regen Austausch auf organisationaler Ebene. Abgesehen von gegenseitigen, befristeten Aufenthalten in Victoria bzw. Düsseldorf arbeitet ein kanadischer Mitarbeiter nun fest in Düsseldorf. Des Weiteren hat ein Gründer von JustBooks die Verantwortung für die Bereiche Marketing und Business Development von abebooks in Kanada übernommen.

## 5. Fazit und Ausblick

JustBooks hat sich in den zweieinhalb Jahren seines Bestehens in drei Phasen von einem „Internet-Hype"-Start-up in ein profitables, international agierendes, mittelständisches Unternehmen entwickelt:

- Die erste Phase war geprägt von Angebotsaufbau und Streben nach Markenbekanntheit. Gesteuert wurde ausschließlich mittels „Web-Metrics". Profitabilität war ein untergeordnetes Ziel.
- Nach etwa neun Monaten begann – verstärkt durch externe Einflüsse – die Konsolidierungs- und Professionalisierungsphase, in der mit Einführung der Transaktionsgebühr monetäre Ziele in den Vordergrund rückten. Des Weiteren wurde begonnen, das Buchangebot von JustBooks über zusätzliche, buchaffine Vertriebskanäle zusätzlich zu den eigenen Websites als virtueller Zwischenhändler zu vermarkten.
- Schließlich erfolgte im Oktober 2001 der Zusammenschluss mit abebooks, um zum einen die erreichte Position zu sichern und zum anderen die Basis für weiteres Wachstum zu schaffen.

Die gemeinsame Einheit abebooks/JustBooks ist im Markt für antiquarische, vergriffene und gebrauchte Bücher weltweit hervorragend aufgestellt. Sowohl die europäische als auch die nordamerikanische Gesellschaft arbeitet profitabel. Prozesse und Infrastruktur sind entsprechend skalierbar, um eine weitere positive Entwicklung zu unterstützen.

Auf dieser Basis gilt es, die Profitabilitätsposition im bestehenden Einnahmenmodell aus eigener Kraft weiter auszubauen. Dazu sollten die Umsätze der eigenen Websites und die über Kooperationspartner generierten Einnahmen gleichmäßig wachsen, um mittelfristige Abhängigkeiten zu vermeiden. Darüber hinaus erscheint auch das Prüfen weiterer strategischer Potenziale als sinnvoll. Diese können sowohl in Regionen als auch in anderen Produkten liegen. Ersteres erscheint – zumindest kurzfristig – die wahrscheinlichere Option.

# Der Mensch hinter der Maschine: Die gesellschaftliche Dimension

*Edelgard Bulmahn*

# New Economy – Herausforderungen für die Bildungs- und Forschungspolitik

## 1. Grundlegenden technologischen und wirtschaftlichen Wandel ohne Konflikte gibt es nicht

Die Welt verändert sich gegenwärtig tief greifend und in atemberaubendem Tempo. Am Ende dieses Jahrhunderts werden die Geschichtsschreiber den sich heute vollziehenden technologischen und wirtschaftlichen Wandel als Revolution bezeichnen. Man wird unsere Zeit als revolutionär beschreiben, so wie die Ereignisse vor 200 Jahren in England als Industrielle Revolution in die Geschichtsbücher eingegangen sind.

Es steht außer Frage, dass die modernen Informations- und Kommunikationstechnologien die tiefgreifenden Umwälzungen tragen. Sie sind die Triebkräfte einer ungeahnten Beschleunigung von technologischen und damit verbundenen wirtschaftlichen und gesellschaftlichen Veränderungen. Beim Telefon dauerte es 55 Jahre bis es weltweit 50 Millionen Menschen nutzten, beim Radio waren es 33 und beim Fernsehen 13 Jahre. Nach nur 3 Jahren gab es 50 Millionen Internetnutzer. Heute surfen weltweit bereits über 500 Millionen Menschen im Internet und Prognosen erwarten für 2004 einen Zuwachs auf über 830 Millionen Mitglieder der weltweiten Internet-Fangemeinde.

Sie begeistern sich an flackernden Computerbildschirmen, die in Sekundenschnelle neueste Nachrichten in die Zimmer tragen, ohne Mühe räumliche Entfernungen überwinden und jederzeit Chats mit Freunden, Geschäftspartnern, Wissenschaftlerkollegen um die Ecke oder in Übersee ermöglichen. Und immer mehr Menschen finden den Weg zur Handy-Gemeinde, die schon seit einiger Zeit nicht mehr nur Sprachkommunikation pflegt. Dank leistungsfähiger Übertragungsstandards wie beispielsweise GPRS, wird dieses Medium zunehmend auch für Datenkommunikation nutzbar. Flugtickets, Hotelzimmer und andere alltägliche Dinge werden einfach unterwegs geordert.

Wenn bald UMTS-Dienste und -Anwendungen verfügbar sind, lassen sich Videobilder und TV-Programme auf dem Handy-Display betrachten. Übertragungsraten von bis zu 2 Megabit pro Sekunde ermöglichen den schnellen mobilen Internetzugang, nicht nur für ausgewählte Handynutzer. Unabhängige Schätzungen erwarten für 2010 weltweit mehr als 600 Millionen Teilnehmer in Netzen der dritten Mobilfunkgeneration, davon etwa 30 Millionen in Deutschland. Internet für alle, zu jeder Zeit, an jedem Ort ist keine Zukunftsvision, sondern zunehmend Realität.

Dennoch: Kein Technologiefeld wird gegenwärtig so kontrovers diskutiert. Einerseits verzeichnen wir bei der Verbreitung und Nutzung von Informations- und Kommunikationstechnologien weltweit rasante Zuwachsraten.

Andererseits berichten Presse und Medien ständig über den „Fall der New Economy". Ausgewählte Marktforschungsinstitute wollen herausgefunden haben, dass Deutschland die höchste „Internet-Resistenz" und die meisten Internet-Verweigerer in Europa hätte. An den Technologiebörsen verharren die Indizes nach Monaten des Sinkfluges auf niedrigem Niveau, und der fünfte Geburtstag des Neuen Marktes vor wenigen Wochen wurde von einigen eher zur Trauerfeier als zum Jubeltag deklariert.

Sicherlich ist für viele Anleger die Entwicklung am Neuen Markt alles andere als erfreulich: Entfachten noch vor knapp zwei Jahren Firmen wie Brokat, EM.TV, Intershop, Ricardo, LetsBuyIt.com Goldgräberstimmung, so bewegt sich eine Reihe der einst gepriesenen Werte heute in Richtung „Pennystocks". Viele ringen um Sanierungskonzepte, zu denen Firmenverkäufe genauso gehören wie Entlassungen von Mitarbeitern. Teilweise mussten junge Internetfirmen Konkurs anmelden. Das, was wir heute am Neuen Markt erleben, ist eine notwendige Konsolidierung, die zeigt, dass die Internet-Wirtschaft kein virtuelles Schlaraffenland ist, in dem per Mausklick Milliarden verdient werden. – Die Gesetze der Ökonomie gelten eben auch in der New Economy.

Weder die Euphorie des Höhenflugs der Börsenkurse noch die Katerstimmung der Baisse sind ausreichende Indikatoren für eine Wertung über Aufstieg oder Fall der New Economy. Die oft zu hörenden Einschätzungen von einem Rückzug aus der Internetwelt oder einem Niedergang der Internet-Wirtschaft treffen weder die realen gesellschaftlichen und wirtschaftlichen Entwicklungen noch widerspiegeln sie die Bereitschaft der Menschen, sich den Herausforderungen des Informationszeitalters zu stellen.

Der amerikanische Zukunftsforscher Alvin Toffler hat dies treffend umschrieben: „Zu sagen, dass die New Economy am Ende ist, ist geradezu dumm. Genauso gut hätte man in den 30er Jahren des 19. Jahrhunderts sagen können, dass die Industrialisierung vorüber ist, weil ein paar Textilfabriken in Manchester Bankrott gegangen sind....Wenn sich in der Geschichte die Art und Weise, wie Wohlstand geschaffen wird, geändert hat, gab es immer Krach."[1].

---

1 Interview in der Wirtschaftwoche vom 14.06.01

## 2. Informations- und Kommunikationstechnik ist Wachstums- und Beschäftigungsmotor

Trotz des schwierigen wirtschaftlichen Umfeldes ist die Bedeutung der Informationswirtschaft für unsere Volkswirtschaft im letzten Jahr weiter gestiegen. Mit einem Anteil von 6,8% am Bruttoinlandsprodukt gehört sie mittlerweile zur Gruppe der drei wichtigsten Wirtschaftsbereiche.

Der deutsche Markt für Informations- und Kommunikationstechnik ist in den Jahren 1998 bis 2001 p.a. um über 8% gewachsen und hatte damit eine höhere Dynamik als die entsprechenden Märkte in den USA (+ 6,6%) und Japan (+ 3,4%). Er ist mit einem Anteil von 6% am weltweiten Markt mittlerweile der drittgrößte Ländermarkt.

Das Wachstum der Informationswirtschaft hat gesamtwirtschaftliche Wachstumsraten um ein Vielfaches übertroffen. Und für die nahe Zukunft rechnet der Bundesverband der Informationswirtschaft, Telekommunikation und neue Medien e.V. (BITKOM) mit Umsatzsteigerungen von über 4% im Jahr 2002 und mehr als 8% im Jahr 2003. Die stärksten Wachstumsimpulse sollen Dienstleistungen im Bereich der mobilen Kommunikation und des Internet bringen. Besondere Erwartungen knüpft die Branche an den mobilen elektronischen Geschäftsverkehr.

Entsprechend rund – wenn auch im letzten Jahr mit geringerer Drehzahl – läuft der Beschäftigungsmotor. Über 820.000 Programmierer, Systemtechniker und Ingenieure beschäftigte die Branche im vergangenen Jahr. Dies sind etwa 16% mehr als 1998. Dahinter steht ein absoluter Zuwachs von über 110.000 neuen Arbeitsplätzen in unserem Land.

Für das Jahr 2002 wird eine wieder anziehenden Nachfrage nach Fachkräften, vor allem im Bereich Software und IT-Dienstleistungen, erwartet. Und insbesondere die Anwender – Banken, Versicherungen, Fertigungsindustrie – suchen einhergehend mit dem Eroberungsfeldzug der New Economy IT-Spezialisten. Auf einen Arbeitsplatz in der Informationswirtschaft kommen schätzungsweise zwei in Anwenderbereichen.

Die Entwicklung der Informations- und Kommunikationsbranche ist neben der science community mit ihren technologischen Neuerungen, einer der Hauptmotoren für die Ausprägung der globalen Informationsgesellschaft. Ohne Zweifel ist und bleibt sie nach allen Prognosen auch künftig eine der zentralen Branchen für Wachstum und Arbeitsplätze.

Die Aufgaben jedoch, die uns die Gestaltung der Informationsgesellschaft stellt, sind durch den Auf- und Ausbau von Kommunikationsnetzen und Nachrichtendiensten, den Verkauf von Computern, Handys oder anderen informationstechnischen Endgeräten, durch Programmierdienste von Internetseiten oder Ähnliches allein nicht zu meistern. Eine zentrale Aufgabe liegt darin, Bildung und Forschung auf die veränderten gesellschaftlichen, wirtschaftlichen und beruflichen Herausforderungen einzustellen.

## 3. Bildung und Forschung sind Schlüsselfaktoren des Wandels zur Informationsgesellschaft

Alle Regierungsprogramme zur Gestaltung der Informationsgesellschaft, die es zwischenzeitlich in fast jeder entwickelten Industrienation gibt, haben eins gemeinsam: Sie räumen Forschung und Bildung einen zentralen Stellenwert ein und entsprechen damit der veränderten Art und Weise, wie in der Informationsgesellschaft Güter und Leistungen produziert und konsumiert werden.

Der Begriff Informationsgesellschaft – vor fast 30 Jahren als griffige Idee zur Beschreibung einer Zukunftsgesellschaft nach der Industriegesellschaft entstanden – steht für eine Produktions- und Konsumtionsweise, deren Merkmale wissensintensive Produkte und Dienstleistungen sind und deren technologische Basis zunehmend von hochleistungsfähigen und sich rasant weiterentwickelnden Informations- und Kommunikationssystemen durchdrungen wird.

Forschung und Bildung erweisen sich zunehmend als zentrale Komponenten der sich weltweit entwickelnden wissensbasierten Gesellschaft und aufgrund der fortschreitenden Dynamik der Innovationszyklen mehr denn je als wesentliche Triebkräfte des technologischen, wirtschaftlichen und gesellschaftlichen Fortschritts. Nur einige Meilensteine der Entwicklung der modernen Informations- und Kommunikationstechnologien sollen dies verdeutlichen: Vor 30 Jahren entwickelte Ray Tomlinson von BBN-Technologies das erste E-Mail-Programm. Forscher des Fraunhofer-Instituts für Integrierte Schaltungen in Erlangen gelang vor 14 Jahren die Entwicklung eines Verfahrens zur Komprimierung von Audiodateien, das im weltbekannten MP3-Standard mündete. Und gerade mal vor 10 Jahren wurde beim CERN in Genf das World Wide Web freigeschaltet. In immer kürzeren Zeitabständen folgen bahnbrechende Entwicklungen rund um das Internet, dem Kommunikationsnerv unserer modernen Gesellschaft. Schon heute sprechen die Forscher vom sogenannten Global Grid als Nachfolger des Word Wide Web, das durch Kopplung von Rechnern ein Hochleistungsnetz mit nahezu unbegrenzte IT-Ressourcen erwarten lässt. In Genf tüfteln 200 Wissenschaftler am „Grid“, das zunächst 5.000 Physiker in 50 Ländern nach dem Peer-to-Peer-Prinzip verbinden soll, um in wenigen Jahren bei einem Großprojekt der Forschung zunächst die unvorstellbare Datenmenge von 10 Petabyte oder den Inhalt von 16 Millionen CD-ROM zu verarbeiten, die aufeinander gestapelt doppelt so hoch wären wie der Mount Everest.

Die Bedeutung von Forschung und Bildung für die Entwicklung der Informationsgesellschaft wird durch eine Reihe international bedeutender Studien belegt. Die von der OECD im letzten Jahr veröffentlichte Studie „The New Economy: Beyond the Hype“ zeigt, das es im Wesentlichen die technologisch bedingten Produktionszuwächse sind, die die wirtschaftliche Wachstumsfähigkeit zum Ende des letzten Jahrhunderts beflügelt haben. Dabei kommt den Informations- und Kommunikationstechnologien eine besondere Bedeutung zu.

Der Bericht zur Technologischen Leistungsfähigkeit Deutschlands 2000 hat die zentrale Antriebskraft der Informations- und Kommunikationstechnologien für das wirtschaftliche Geschehen unterstrichen. Ihr Beitrag zum Wachstum der deutschen Wirtschaft betrug in den 90er Jahren etwa 20 bis 25%.

Über die breite Nutzung dieser neuen Technologien hinaus wird in den Untersuchungen die große Bedeutung der Themen „Humankapital“ und „Fachkräfte“ verdeutlicht. Es gilt als erwiesen, dass ein enger Zusammenhang zwischen Wirtschaftswachstum und dem durchschnittlichen Bildungsniveau eines Landes besteht.

## 4. Die Bundesregierung gestaltet eine lebendige Bildungs- und Forschungslandschaft

In den 90er Jahren hatte Deutschland in wichtigen Bereichen für die Gestaltung der Informationsgesellschaft den internationalen Anschluss verpasst. Bei der Verbreitung und Nutzung von Informations- und Kommunikationstechnologien spielte es im weltweiten Vergleich nur eine untergeordnete Rolle. In internationalen Gremien im Bereich der Informations- und Kommunikationstechnologien hatte Deutschland keine mitbestimmende Rolle. Die Forschungsbasis für internet-spezifische Themen war im internationalen Vergleich zu schwach. Maßnahmen zur Nutzung von Internet und Multimedia in der Bildung sind nicht über das Stadium einer Symbolpolitik hinausgekommen. Konzepte und Mittel zur Qualifizierung von Fachkräften und zur Förderung des wissenschaftlichen Nachwuchses waren nicht ausreichend vorhanden.

Mit gezielten Investitionen in Bildung und Forschung, Schwerpunktsetzungen in wettbewerbsrelevanten Feldern und einer zukunftsorientierten Gestaltung von Rahmenbedingungen ist es der Bundesregierung in dieser Legislaturperiode gelungen, den Stillstand und das investitionsmüde Klima zu überwinden und Voraussetzungen für eine Aufholjagd im Technologiewettstreit mit anderen führenden Industrienationen zu schaffen.

Trotz ihres Konsolidierungskurses hat die Bundesregierung in den letzten vier Jahren ihre Investitionen in Bildung und Forschung kräftig erhöht. Der Etat des Bundesministeriums für Bildung und Forschung beträgt im Jahr 2002 fast 8,4 Mrd. €. Das ist der größte Etat für Bildung und Forschung, den es in der Bundesrepublik Deutschland jemals gegeben hat. Im Vergleich zu 1998 entspricht dies einer Steigerung um rund 15,5%.

Seit der Staat wieder gezielt in Forschung und Entwicklung investiert, sind auch die privaten Ausgaben in diesem Bereich gestiegen. Die Wirtschaft hat ihre Forschungs- und Entwicklungsaufwendungen im Zeitraum 1998 bis

2000 um rund 15,6% erhöht. Hatte Mitte der 90er Jahre nur jede vierte Firma neue Produkt im Angebot, drängen heute schon mehr als ein Drittel der Unternehmen mit Neuentwicklungen auf den Markt. Deutschland verfügt mittlerweile über die höchste Dichte innovativer Unternehmen in Europa.

Die Bundesregierung reformiert und gestaltet eine Bildungs- und Forschungslandschaft, die lebendig und kreativ ist, in der die Ausbildungsbedingungen für junge Menschen gravierend verbessert werden und exzellente Forschung und wettbewerbsfähige Innovationen möglich sind:

- Die Einführung der programmorientierten Steuerung bei der Hermann von Helmholtz-Gemeinschaft Deutscher Forschungszentren setzt an die Stelle des Denkens in institutionellen Kategorien eine thematische, programmorientierte, zentrenübergreifende Ressourcenverteilung auf der Grundlage externer Bewertung nach internationalen Standards. Durch Globalhaushalte und Budgetierung wird die Eigenverantwortung der Forschungseinrichtungen gestärkt.
- Die Fusion der Fraunhofer Gesellschaft mit der Gesellschaft für Informationstechnik GmbH führt durch eine Bündelung von Kapazitäten zur Stärkung der anwendungsorientierten Forschung im Bereich der Informationstechnik.
- Die Bundesregierung hat die Mittel für die Projektförderung im Haushalt des Bundesministeriums für Bildung und Forschung von 1998 bis 2002 um fast 44% erhöht. Mehr Projektförderung bedeutet mehr Flexibilität, mehr Wettbewerb und ermöglicht damit auch mehr Qualität. Die Forschungsförderung konzentriert sich auf für Wachstum und Beschäftigung besonders wichtige Technologiebereiche, wie beispielsweise die Informationstechnik.
- Mit dem Aktionsprogramm „Wissen schafft Märkte“ sollen eine bessere Patentverwertung, mehr Unternehmensgründungen aus der Wissenschaft und eine bessere Zusammenarbeit zwischen Wissenschaft und Wirtschaft erreicht werden. Dabei geht es u.a. um den Aufbau leistungsfähiger Patentierungs- und Verwertungsstrukturen an unseren Hochschulen und eine Verbesserung der Zusammenarbeit von Hochschulen und Forschungseinrichtungen mit kleinen und mittleren Unternehmen. Durch die Bildung von Kompetenzzentren und -netzwerken wird der Transfer von Forschungsergebnissen in die Anwendung beschleunigt. Eine Internetplattform für Wissenschaft und Technologie soll künftig dem Informationsbedürfnis der Wirtschaft über die technologische Kompetenzen der Wissenschaftlerinnen und Wissenschaftler besser gerecht werden.
- Deutschland ist heute kein weißer Fleck mehr auf der internationalen Hochschullandkarte. Die Bundesregierung hat den Ausbau der deutschen Hochschulen und ihre Ausstattung mit modernsten Geräten konsequent gefördert. Im Jahr 2002 beträgt der Etat für den Hochschulbau 1,1 Mrd. €. Das sind 15,5% mehr als noch vor 1998. Zusammen mit der 50%-Finan-

zierung durch die Länder stehen damit 2,2 Mrd. € für den Ausbau und die Modernisierung der Hochschulen zur Verfügung.

- Mit der Reform des Bundesausbildungsförderungs-Gesetzes (BAföG) hat die Bundesregierung erreicht, dass junge Menschen wieder unabhängig vom Geldbeutel ihrer Eltern studieren können. Zusätzlich rund 80.000 junge Menschen aus Familien mit geringem oder mittlerem Einkommen erhalten durch die Reform die Chance zu einer qualifizierten Ausbildung. Diesem Ziel dient auch die Reform des „Meister-BAföG" und die Modernisierung der beruflichen Bildung.
- Bei der Zahl der Studierenden liegt Deutschland nach wie vor deutlich unter dem internationalen Durchschnitt, obwohl es im Jahr 2001 einen Zuwachs von 8% bei den Studienanfängern gab. Dies ist aber bei weitem nicht ausreichend, insbesondere vor dem Hintergrund steigender Tätigkeitsniveaus und Arbeitplatzanforderungen in der Informationsgesellschaft. Wir fördern deshalb gezielt den wissenschaftlichen Nachwuchs, den Austausch von Studierenden und die Entwicklung von neuen Studienangeboten, die auf eine global orientierte Berufs- und Arbeitswelt vorbereiten. Mittlerweile gibt es an deutschen Hochschulen etwa 170 Bachelor- und Masterstudiengänge allein im Fachbereich Informatik.
- Im Rahmen der „Zukunftsinitiative Hochschule" wird neben der Modernisierung unserer Hochschulen unter dem Stichwort „Brain Gain" auch ihre Anziehungskraft bei Studierenden sowie Wissenschaftlerinnen und Wissenschaftlern im Ausland erhöht. Erstmals wird der Export deutscher Studienangebote ins Ausland unterstützt, weil dieser Markt nicht länger englischen, amerikanischen oder niederländischen Hochschulen überlassen bleiben darf. Die Gründung der Deutschen Universität in Kairo zeigt, dass unsere Hochschulen auf der internationalen Wissenschaftslandkarte wieder präsent sind.
- Ein zentrales Modernisierungsprojekt im Hochschulbereich war die Reform des öffentlichen Dienstrechts. Mit der Einführung der Junior-Professur können junge Wissenschaftlerinnen und Wissenschaftler künftig auch in Deutschland in ihrer kreativsten Lebensphase mit Ende 20 oder Anfang 30 und nicht erst mit durchschnittlich über 40 Jahren selbständig forschen und lehren. Ein neues Besoldungssystem honoriert Leistungen in Lehre und Forschung. Damit werden deutsche Hochschulen endlich mit Hochschulen in anderen Ländern konkurrenzfähig.

## 5. Der Weg in die Informationsgesellschaft bedarf einer aktiven IT-Politik

Die Durchdringung der Gesellschaft mit Informations- und Kommunikationstechnologien hat sich in weiten Bereichen ohne staatliche Eingriffe vollzogen. Die neue Dimension der Dynamik von Innovationszyklen, der Entstehung und Verteilung neuer Märkte, der Veränderung von Arbeitsstrukturen, -abläufen und Qualifikationsanforderungen erfordert jedoch gestalterische Initiativen von Politik und Wirtschaft. Neben zukunftsgerichteten Rahmenbedingungen für Bildung und Forschung bedarf es einer aktiven IT-Politik. Dabei gilt es, einerseits das Potenzial der Informations- und Kommunikationstechnik für Wirtschafts- und Beschäftigungswachstum im Land zu nutzen und andererseits eine Teilung der Gesellschaft in „Angeschlossene" und „Ausgeschlossene" zu verhindern.

Die Bundesregierung hat mit ihrem im Jahr 1999 verabschiedeten Aktionsprogramm „Innovation und Arbeitsplätze in der Informationsgesellschaft des 21. Jahrhunderts" (www.bmbf.de/brosch_531.html) ihre IT-Politik für die Gestaltung des Weges in die Informationsgesellschaft vorgelegt. Die konkreten Zielsetzungen und ein alle Politikfelder umfassender Handlungsrahmen strahlen auch auf europäische Initiativen, wie den europäischen Aktionsplan „eEurope 2002", aus.

Vor dem Hintergrund der Bedeutung von Bildung und Forschung für den Wandel zur Informationsgesellschaft hat die Bundesregierung bewusst der Integration von Informations- und Kommunikationstechnik in die Bildung, der Bereitstellung qualifizierter IT-Fachkräfte, der Sicherung der Chancengleichheit für Frauen und dem Ausbau einer leistungsfähigen IT-Forschungslandschaft einen zentralen Stellenwert eingeräumt.

Neben diesen Schwerpunktsetzungen ihrer IT-Politik wurden die Mittel für Wissenschaft, Bildung und Forschung im Bereich Informationstechnik kräftig erhöht und damit die Stagnation in den 90er Jahren überwunden: Während die Bundesmittel für die Informationstechnik von 1995 bis 1998 praktisch ein Null-Wachstum verzeichneten, wurden in den Jahren 1998 bis 2002 Steigerungen um fast 40% realisiert. In diesem Jahr stellt die Bundesregierung 766 Mio. € zur Verfügung im Vergleich zu 550 Mio. € im Jahr 1998.

Mit dem Aktionsprogramm von 1999 wurde zugleich die strategische Grundlage einer Innovationspartnerschaft für die Informationsgesellschaft geschaffen. Es ist eine Verständigung zwischen Regierung, Wirtschaft, Wissenschaft und den Bildungsträgern, in welche Richtung und mit welchen Zielen die Entwicklung der Informationsgesellschaft in unserem Land gehen soll. Ausdruck dieser Innovationspartnerschaft ist die „Initiative Deutschland 21", die als wettbewerbsneutrales und in der Geschichte der Bundesrepublik Deutschland bisher größtes Public Private Partnership die IT-Politik der Bundesregierung begleitet.

Insofern ist der Anfang 2002 vorgelegte „Fortschrittsbericht Informationsgesellschaft Deutschland“ (www.bmbf.de/brosch_531.html) eine gemeinsame Erfolgsbilanz aller Beteiligten. Dass dem so ist, bestätigen die positiven Stellungnahmen der „Initiative Deutschland 21“ und des Bundesverbandes Informationswirtschaft, Telekommunikation und neue Medien (BITKOM).

Die Bilanz der letzten zwei Jahre zeigt, dass die Bundesregierung mit ihrer IT-Politik und der Innovationspartnerschaft mit der Wirtschaft eine bisher nicht da gewesene Dynamik bei der Entwicklung, Verbreitung und Nutzung von Informations- und Kommunikationstechnologien in Staat, Wirtschaft und Gesellschaft ausgelöst hat. Die Zusagen wurden eingehalten, die kurzfristigen Ziele erreicht, und mit den gestarteten Aktionen sind die Voraussetzungen geschaffen, um auch die längerfristigen Ziele umzusetzen.

Die Bilanz der letzten zwei Jahre macht aber auch deutlich, dass in Zukunft in vielen Bereichen Handlungsbedarf besteht. Hierzu wollen wir die bewährte Partnerschaft mit der Wirtschaft und die Zusammenarbeit mit den Ländern intensivieren.

## 6. Den Aufbruch in einen nachhaltigen Durchbruch verwandeln

Die Integration der neuen Medien in die Bildung ist und bleibt eine der zentralen Aufgaben unserer IT-Politik. Bereits heute betrachten mehr als die Hälfte der US-amerikanischen Internetnutzer das Internet als die beste Quelle zum Lernen und Sich-Informieren. Und sie meinen, dass es in 10 Jahren nicht in erster Linie für den Online-Einkauf, sondern als Instrument der Bildung eingesetzt wird.[2]

- Wir haben uns im Aktionsprogramm von 1999 vorgenommen, bis Ende 2001 alle Schulen ans Netz zu bringen und bereits im Herbst 2001 – also drei Monate früher – dieses Ziel erreicht. Deutschland ist damit vom Mittelfeld in die Gruppe der führenden europäischen Staaten vorgerückt.
- Gemeinsam mit den Ländern und der Wirtschaft wurden Partnerschaften zur Verbesserung der Hardwareausstattung von Schulen mit hoher Breitenwirkung initiiert, wie z.B. die Computerbörse „Marktplatz für Schulen“ oder die Aktion Kl@sse. Mit erheblichen Mitteln, nämlich 130 Mio. €, aus dem Zukunftsinvestitionsprogramm der Bundesregierung haben wir im letzten Jahr begonnen, die IT-Ausstattung der Berufsschulen auf den

2 Monitoring Informationswirtschaft, 4. Faktenbericht 2002, München, Februar 2002, eine Sekundärstudie von NFO Infratest (Germany) und Ergebnisse einer Expertenumfrage des Institute for Information Economics (IIE); Primärquelle: SBC Communications, 2001

neusten Stand zu bringen. Auch das werden wir mit Ablauf dieses Jahres erledigt haben.

- In unseren Schulen gibt es mittlerweile über 500.000 Computer. Die Zahl der Schülerinnen und Schüler pro Computer konnte seit 1998 halbiert werden. Sie ist mit durchschnittlich 20 aber noch vom Ziel der Europäischen Union – 5 bis 15 pro multimediafähigem Computer bis 2004 – entfernt. Deshalb muss in den Sponsoringaktivitäten zugelegt werden. Die im Rahmen der „Initiative D21" organisierten „Runden Tische" werden noch besser als bisher zur Vernetzung regionaler Sponsoringaktivitäten beitragen und Wege erschließen, um weitere Sponsoren, z.B. auch Eltern, zu mobilisieren.
- Trotz Netzanbindung aller Schulen und der gravierenden Verbesserung der Geräteausstattung gibt es im Bereich der internen Vernetzung ebenso wie bei tragfähigen Konzepten für Wartung, Service und Support Aufholbedarf. Gefragt sind Systemlösungen, durch die Lehrkräfte von technischen Administrationsaufgaben entlastet werden. Das Bundesministerium für Bildung und Forschung plant hierzu einen Wettbewerb, bei dem Pilotprojekte mit Modellcharakter unterstützt werden.
  Eine zentrale bildungspolitische Aufgabe ist und bleibt die IT-Qualifizierung der Lehrkräfte. Nach Auskunft der Länder haben allein im Schuljahr 1999/2000 etwa 100.000 Lehrkräfte an staatlichen bzw. öffentlichen IT-Schulungsmaßnahmen teilgenommen, exklusive privat besuchte und schulinterne Fortbildungen.
- Die Integration der neuen Medien in die Hochschullehre ist ein zentraler Baustein für die Schaffung einer wettbewerbsfähigen deutschen Hochschullandschaft. Sie ist seit dem Regierungswechsel entscheidend vorangekommen. Das Ziel, eine flächendeckende Nutzung von Computern in den Hochschulen zu erreichen, haben wir erreicht. Fast 100% aller Studierenden nutzen heute für Studium und Lehre den PC. Mit Projekten wie „Vernetztes Studium Chemie", „Virtuelle Fachhochschule", Demonstrationsprojekten zu drahtlosen Netzinfrastrukturen (WLAN), „Notebook-Universities" oder dem Programm „Virtuelle Hochschule Deutschland" wurden erste Leuchttürme gesetzt. Auf mittlere Sicht sollen für jedes Fach Online-Angebote entwickelt werden, die internationalen Maßstäben bei der Qualitätssicherung und Zertifizierung entsprechen.
- Diese Bundesregierung schafft mit dem Programm „Neue Medien in der Bildung" zur Entwicklung von Lehr- und Lernsoftware für alle Bildungsbereiche die Voraussetzungen, dass Internet und Computer auch tatsächlich in Unterricht, Lehre und Studium genutzt werden können. Die beste Informationstechnik ist ohne sinnvoll aufbereitete multimediale Bildungsinhalte nutzlos. Notwendig ist Software für alle Jahrgangsstufen und Fächer. Wir sind auf gutem Weg, unser Ziel – weltweite Spitzenposition bei Bildungssoftware bis 2005 – zu erreichen.

Bildung ist eine der wirkungsvollsten Möglichkeiten, einer digitalen Spaltung entgegenzuwirken. Dass wir hierbei erfolgreich sind, zeigt die Bilanz unserer Maßnahmen zu „Frauen ans Netz" und die gravierend gestiegene Internetbeteiligung von Frauen. Ende 2001 waren 43% der deutschen Internetgemeinde Frauen im Vergleich zu nur 30% im Jahr 1998. Der von uns unterstützte Aufbau von Medienecken in über 1.200 öffentlichen Büchereien mit 3.300 neuen Internet-Surfplätzen trägt neben vielen anderen guten Aktionen – wie dem Senior-Infomobil, dem Internetzertifikat für Erwerbslose, Medienzentren in den Ämtern der Arbeitsvermittlung und in Jugendzentren und dem im Aufbau befindlichen Netzwerk Digitale Chancen mit einer Datenbank über öffentliche Internetzugangs- und -lernorte – zur Verwirklichung unseres Mottos „Anschluss statt Ausschluss" bei.

- Neben den vielfältigen Herausforderungen im Zusammenhang mit der Integration der neuen Medien in die Bildung erfordert die zunehmende Verbreitung von Computer und Internet auch einen Strukturwandel in der Fachinformation und beim wissenschaftlichen Publizieren und Kommunizieren. Heterogenität und Vielfalt der Informationslandschaft haben bisher eine angemessene gemeinsame Strategie erschwert. Mittlerweile besteht breiter Konsens, dass die durch den Strukturwandel entstandenen Probleme nicht mehr durch Einzelprojekte gelöst werden können. Vielmehr müssen die von Bund und Ländern angestoßenen unterschiedlichen Maßnahmen für eine überregionale elektronische Informationsversorgung nun in einem stimmigen Gesamtkonzept zusammengeführt werden. Die Bundesregierung arbeitet in Abstimmung mit den Ländern und mit Verlagen, Bibliotheken, Fachinformationszentren daran, Eckwerte eines solchen Strategiekonzeptes zur „Zukunft der wissenschaftlichen und technischen Information" zu definieren.
- Wir haben bereits im Sommer 1999, noch bevor die Green Card diskutiert wurde, im Bündnis für Arbeit die Offensive gegen den Fachkräftemangel gestartet. Mit dem darauf aufbauenden Sofortprogramm zur Deckung des IT-Fachkräftebedarfs hat die Bundesregierung parallel zur Green Card-Initiative eine Bildungsoffensive gestartet. Über 11.000 Green Card-Inhaber, über 70.000 Ausbildungsplätze in IT- und Medienberufen, mehr als 46.000 Erwerbslose p.a. in IT-Weiterbildungsmaßnahmen, mehr als 27.000 Studienanfängern in Informatikstudiengängen sind Erfolge einer gezielten Politik von Bundesregierung und Wirtschaft zur Mobilisierung der dringend benötigten IT-Fachkräfte. Die Neuordnung der IT-Weiterbildung wird mit zertifizierten Weiterbildungsprofilen für Transparenz, Qualitätssicherung und Durchlässigkeit bei Bildungswegen sorgen und einen entscheidenden Beitrag zur Mobilisierung der dringend benötigten IT-Fachkräfte leisten.

  Trotz der insgesamt nachlassenden Nachfrage sieht die Wirtschaft einen unverändert hohen Bedarf an hochqualifizierten IT-Spezialisten in den nächsten Jahren. Deshalb ist es wichtig, die eingeleiteten Maßnahmen konsequent fortzuführen. Mit dem Maßnahmenbündel und der Green Card haben wir seit dem Regierungswechsel bereits 160.000 IT-Fachkräfte gewonnen. Unserem Ziel, bis zum Jahr 2005 das IT-Fachkräfteangebot auf 250.000 zu steigern, sind wir bereits heute sehr nahe; nach der Hälfte der Zeit haben wir zwei Drittel der Zielmarke erreicht.

Mit den im Rahmen des Aktionsprogramms gestarteten Maßnahmen hat die Bundesregierung die Voraussetzungen geschaffen, um die deutsche Spitzenposition in Technologieentwicklung und Infrastruktur zu sichern und auszubauen.

- Das Deutsche Forschungsnetz (DFN) ist heute eines der modernsten Wissenschaftsnetze der Welt mit Anschlüssen von bis zu 2,5 Gigabit pro Sekunde und direkten leistungsstarken Anbindungen an die europäischen und US-amerikanischen Wissenschaftsnetze. Das Ziel, das DFN zu einem flächendeckenden Hochgeschwindigkeitsnetz auszubauen, haben wir erreicht.
- Mit neuen Förderschwerpunkten wurden international anerkannte Entwicklungen in den Bereichen Nanoelektronik, Festnetz und Mobilkommunikation, Informatik und Internetanwendungen vorangetrieben. Bei einem Pilotversuch zum Förderschwerpunkt Optische Netze (KomNet) Ende des letzten Jahres ist es zum ersten Mal gelungen, auf einer Standard-Glasfaser eine Datenmenge mit 1,2 Terabit pro Sekunde von Stuttgart nach Berlin zu übertragen und damit die Infrastruktur für höherwertige Internetanwendungen und Dienste bereitzustellen.
- Unser neues Förderprogramm „IT-Forschung 2006“, das Anfang 2002 gestartet wurde und für das das BMBF bis 2006 1,5 Mrd. € Projektmittel bereitstellt, wird mit verbesserten Förderverfahren sowie zweckgerichteten Förderinstrumenten noch stärker als bisher zu wissenschaftlichen Freiräumen, flexiblen Rahmenbedingungen und einem internationalen Wettbewerb der Ideen und Forscherteams beitragen.

Informations- und Kommunikationstechnologien sind kein Selbstzweck. Sie sind Mittel, um Produktion, Verteilung, Konsumtion von Gütern und Dienstleistungen effizienter zu organisieren. Wir wissen noch nicht im Detail, wie die entwickelte Informationsgesellschaft aussehen wird und kennen nur Eckdaten, zu denen sicher Intelligenz, Vernetzung und Mobilität gehören. Insofern ist es auch heute schwierig, fertige und funktionierende Geschäftsmodelle für die Informationsgesellschaft zu beschreiben. In Zukunft wird unser Leben durch diese Schlüsseltechnologie mit wachsender Dynamik umgekrempelt werden. Die New Economy ist nicht am Ende. Sie ist lebendiger denn je. Es ist Aufgabe und Anspruch der Politik, insbesondere der Bildungs- und Forschungspolitik, diesen Wandel mitzugestalten und auf die bewährte Partnerschaft mit der Wissenschaft und Wirtschaft zu setzen.

*Birger P. Priddat*

# Politik in der Wissensgesellschaft

Die *new economy* hat man selten mit der Politik in Verbindung gebracht. Zwar erschien Schröder in seinem Wahlkampf damals als ein möglicher Kanzler, der die Zeitzeichen der *new economy* verstanden hatte, doch spätestens dann, als er seinen designierten *new economy*-Wirtschaftsminister fallen ließ, war klar, dass er sich in der Normalzone der Politik bewegen wird: in der Mitte, die er, mit Hombachs Hilfe, als neue Mitte reformuliert hatte. Schröder bewegte sich immerhin im Zumutungsbereich der *new economy*, obwohl sonst Politik wie Staat eher als abschreckende Folie in Differenz zur *new economy* vorgezeigt wurde, als Innovationshemmnis. Doch schien Schröder als der erste Kanzler einer *progressive governance*, die sich des Modernisierungsproblems bewusst war.

An der *new economy* wurde der Kontrast nur schärfer: Der Staat bewegte sich in unsäglichen *subdomains* der Dynamik der neuen Wirtschaftsgesellschaft, entfernte sich mehr und her von der *new work*, und erschien um so unreformierbarer, was der *new economy* eine Bedeutung zuschrieb, als ob sie mit lösen müsste, was Staat und Politik an sich selber nicht zu lösen bereit oder unfähig waren. Die *new economy* geriet in den Verdacht eines *hyperchange*, die Staat und Verwaltung in die Lage brachten, sich als *antidotium* zu verstehen, als sozial verantwortliches Terrain der ‚Neoliberalisierung' der Wirtschaft. Es zeigt sich aber das Ausmaß an Reformierungsbedarf, wenn die Verwaltung dieses Staates die *new economy* einholen oder sie zumindest begleiten wollte. Das Projekt hieß bald *eGovernment.*

Die Reform des Sozialstaates, die wir in Deutschland zu betreiben beginnen, war von Kanzler Schröder in den Kontext einer Debatte über die ‚Zivilgesellschaft' gestellt worden, und zwar im Kontext von ‚progressive government'. Das ist inzwischen, spätestens in Stockholm dieses Jahr, neu adjustiert worden: in Richtung ‚Nachhaltigkeit von Politik' und anderer Themen: z.B. politischer Stil. Die interessanteste Aussage daran ist die implizit enthaltene Behauptung, dass wir, indem wir in Deutschland von einer Zivilgesellschaft reden, sie nicht haben.

Schröder äußerte das extrem vorsichtig, aber die Redeweise von der Verantwortung, die die Gesellschaft für sich selber übernehmen soll, enthält immerhin soviel amerikanische Perspektive, dass wir diese Thematisierung als Beginn der Auflösung eines tradierten deutschen Staatsverständnisses deuten können. In diesem Sinn ist der Aufsatz Schröders von 2000 eine Konkretion des Schröder/Blair-Papiers von 1999. Die Reformpolitik hat die Anmutung einer Strategie; auf dem Gipfel in Florenz 1999 wurde sie als europäische Strategie der ‚new governance' angepriesen; auf dem Gipfel in Berlin 2000 als ‚progressive governance'; in Stockholm 2002 aber heruntergebrochen auf die Anpassungsstrategie ‚democracy and development'.

Die kleine Volte der Argumentation läuft parallel zum *decline of the new economy*. Dieser *decline* ist ein Kapitalentwertungszusammenhang, der parallel läuft mit einem *decline of human capital* und insbesondere mit einer Devaluation von bestimmten Formen der *new work*, die als neue Qualität der Arbeit annonciert wurde. Die *new economy* hatte neue Arbeits- und Kooperationsformen entwickelt, die mit dem Nomen *new work* unklar bezeichnet waren: Es waren neue Arbeits- und Motivationsmilieus, wie wir sie in Deutschland noch kaum kannten.

Dass mit dem Verschwinden der *new economy* neue Kooperationsformen unentwickelt bleiben, ist ein Faktum, dessen wir uns noch gar nicht besonders bewusst sind. Innerhalb der *new economy* gab es eine Unternehmenskultur (vornehmlich eine *start-up-culture*), die heterarchisch geprägt war, d.h. die die Mitarbeiter so in Beziehung zur Organisation treten ließ, wie der Staat seine Bürger in einer Demokratie. Natürlich waren die Mitarbeiter nicht ‚demokratisch organisiert', aber Momente der Mitgestaltung, Information und Mitplanung waren in einem Maße ausgeprägt, dass wir die Analogie ziehen können: Die *new economy-culture* war kommunikationsoffen gestaltet.

Im Gegensatz zu den hierarchisch strukturierten Firmen der *old economy* waren Mitarbeiter von *new economy*-Firmen informations- und kommunikationsoffener. Man behielt sein Wissen nicht für sich (*tacit knowledge*), weil ein Vorgesetzter oder Kollege es für seine Karriere ausnutzen könnte, sondern legte offen auf den Tisch, was man wusste: *knowledge overload* war ein Grundzustand der *new economy*, mit völlig anderen Kommunikationsspielen und Informationsangeboten. Alle Mitarbeiter entwickelten firmenpolitische Avancen. Hier entwickelten sich aber auch Anforderungen, die die Haltung zum Staat und seiner Verwaltung neu definierten.

Gemessen am Selbstverständnis einer Zivilgesellschaft, die sich als Bürgergesellschaft versteht – als Gesellschaft kompetenter Bürger, in der Tradition des Hegelschen Selbstbewusstseins als *citoyen* –, die den Staat mit hoher Skepsis als einen betrachtet, der sie bevormunden will, sind wir keine Zivilgesellschaft, sondern eine Übergangsform einer staatspaternalistischen Demokratie in einen Suchbereich erhöhter Bürgerbeteiligung.

Die *new economy* war für viele, die daran beteiligt waren, ein Experiment in Beteiligung: in aktiver Partizipation. Manche redeten davon, dass die *new economy* eine ähnliche Epoche war, mit ähnlicher Bedeutung für die Beteiligten, wie die 68er-Bewegung. Ähnlich war der revolutionäre Impetus: alles zu ändern. Ähnlich war der *modus collectivus*: Teamarbeit. Ähnlich war das Motiv: *cultural change* (wenn auch in der *new economy* erst einmal auf Änderungen der Unternehmens- und Kooperationskulturen begrenzt).

Dieses politische Geschäft übernehmen in Deutschland periodisch Bürgerbewegungen; neu ist die Tatsache, dass eine Regierung, in Form ihres Kanzlers, den Bürgern empfiehlt, mehr Verantwortung zu übernehmen. Schröder führte – auch, nicht ausschließlich – einen Staatsentlastungsdiskurs. Der gewachsene Wohlfahrtsstaat ist allokativ überfordert; die Anspruchsgerechtigkeit überflügelt die Leistungsgerechtigkeit. In Blair/Giddens'scher Manier redet Schröder von ‚fördern und fordern'. Hier wird ein neuer Sozialkontrakt angeboten: Der Staat unterstützt die Bürger, aber nur dann, wenn sie ihren Eigenbeitrag nennen: ihre Obligation.

Anstelle des gewohnten sozialrechtlich definierten Anspruches wird ein neues Kontraktangebot gemacht. Der Staat beginnt, sich als *social investor* zu verstehen, der Sozialtransfers nicht aufgrund von Bedarfen auszahlt, sondern aufgrund von Kriterien, die vornehmlich dazu dienen, einen *re-entry* der Anspruchberechtigten in eigene Einkommensselbständigkeit zu erwirken. Erreicht der Staat das Ziel dieser modifizierten Sozialpolitik, erreicht er einen *return on investment* in Form von

1. eingesparten Sozialzahlungen und
2. in reellen Steuereinnahmen.

Der Staat bekommt ein Kriterium der Effektivität seiner Sozialleistungen: Er kann die Minimierungen von Sozialkosten als eigene Mehrwertschaffung ausweisen, nicht weil er die sozialen Unterstützungen streicht, sondern sie effektiver und effizienter einsetzt.

Erreicht der Staat das Ziel nicht, bleiben weiterhin tradierte Formen des Sozialtransfers bestehen. Doch werden diese Zahlungen jetzt aufgrund erwiesener Inkompetenz der Bürger für einen *re-entry* gezahlt, nicht aufgrund von schematischen Anspruchsberechtigungen. Das ist neu. Anstelle schematischer Anspruchsberechtigungen treten neue Bewertungskriterien: des Vergleichs von Kosten und Nutzen und der Wertschöpfung des *social capital*.

Die Form der Beziehung von Bürger und Staat bekommt die Form einer Kooperation. Der Staat kooperiert mit seinen Bürgern, indem er für seinen Investitionsanteil einen Eigenbeitrag der Bürger fordert: entweder in Form von eigenen Zahlungen – wie in der teilprivatisierten Altersversicherung oder im Gesundheitswesen – oder in Form erhöhter Bereitschaft, die Wiedereingliederung in Beschäftigungsverhältnisse aktiv selber mit zu forcieren.

Die neue ökonomische Form, Sozialpolitik als Investition in *social capital* zu sehen, ist weniger bedeutsam als die damit einhergehende Tatsache, dass die Bürger in diesem neuen *social contracting* als eigenverantwortliche juristische Personen gesehen werden, denen der Staat nicht mehr paternalistisch als Vormund gegenüber auftritt, sondern als Sozial-Partner in einem neuen Kooperationsmodell. Die Demokratie wird ‚erwachsen'; der Staat wehrt sich gegen ein sozialkulturelles ‚Naturgesetz' der Anspruchsinflation (der Verrechtlichung des Wohlfahrtsstaates). Hier beginnt die *new economy* ihre praktisch-politische Nachhaltigkeit.

Die Politik wird komplexer, und der Staat reduziert sich dort, wo er meint, die Bürger sich selbst zumuten zu dürfen. Das als verdeckten Etatismus zu kritisieren, ist unangemessen, weil es ja keine Selbstorganisation gibt, in die der Staat unzulässig eingriffe. Er evoziert sie ja erst. Die Paradoxie, dass der Staat die Bürger auffordert, selbständiger zu werden, ist ein Substitut für den Mangel einer Demokratisierung von unten, der in Deutschland wenig ausgeprägt ist, allerdings durch Wohlfahrtsinfrastrukturen bedeckt.

Schröders Zivilgesellschaftsansatz ist ein Demokratisierungsansatz, aber nicht in der emanzipatorischen Diktion Willy Brandts (‚mehr Demokratie wagen'), sondern in der zivilgesellschaftlichen Variante der Übernahme von Eigenverantwortung durch die Bürger, die kompetent genug sind, sich selber zu organisieren, anstatt sich und ihre Belange an den Staat zu delegieren. Es ist der Beginn des Endes einer Form des *Demokratiekonsums*, der in den Wahlgängen seine Stimme einzahlt, um danach in Form von konformer Politik Wohlfahrtssteigerungen ausgezahlt zu bekommen.

Der Wohlfahrtsstaat hatte sich zu einer Form der passiven Demokratie ausgeweitet, der jetzt die Chance zukommt, als *Prosumer*, die politischen Leistungen neu zu verhandeln und mitzubestimmen. Die *new economy*, die das alles für die Sphäre der Wirtschaft antizipiert hatte, findet sich plötzlich in einem extrem langsameren Bereich wieder: in der Politik, im *eGovernment* und allen seinen Konsequenzen, u.a. auch einer *eDemocracy*.

## 1. Demokratisierung in einer Wissensgesellschaft

Unser Demokratieverständnis ist hervorragend ausgebildet, aber formal geblieben. Das Stimmeneinzahlungs-/Wohlfahrtsauszahlungsmodell betrachtet den Politikprozess, der dem Wahlkampf folgt, als Dienstleistungsapparat, der zwar ineffizient und sonderinteressengestört verläuft, aber immerhin soviel Wohlfahrtszuwachs leisten soll, dass der nächste Wahlgang sich als gute Investition erweist. Dabei hat sich in der BRD die Auszahlungsmatrix im Spektrum zwischen ordnungspolitischen Sicherheitsgewährleistungen (CDU/CSU) und egalitaristischer Verteilungen von Wohlfahrtsangleichungen (SPD) bewegt. Natürlich sind diese Notierungen pauschal, aber sie bildeten für lange Zeit die *mental models* ab, zwischen denen sich die Wähler bewegten, mit größer werdender Schnittmenge zwischen beiden Spektren.

Gemeinsam wurde dieser Vorstellung von Demokratie eine Unterscheidung in zwei Abteilungen:

*Abteilung 1* ist der Wahlkampf – ein Wettbewerbsmarkt um Wählerstimmen, mit diversen Versprechungen und Programmen;

*Abteilung 2* ist der nachfolgende Politik- und Politikrealisationsprozess, in dem die Wähler nicht mehr vorkommen, außer als potentielle Drohung im Diskurs der öffentlichen Meinungsbildungen oder in Form von verfassungsrechtlich undefinierten Interessengruppen, die lobbyistischen Einfluss über den Politikprozess nehmen.

Diese korporatistische Struktur arbeitet mit *quasi*-Parteien. Die Interessenverbände und korporatistischen Strukturen bilden beliebige Ausschnitte von Wählern, nach völlig anderen Kriterien und Interessenspezifikationen selegiert. Über ihre Interessenvertreter nehmen diese Subgruppen der Wählergesamtheit – gleichsam in einem zweiten, illegitimen Wahlprozess – Einfluss auf die Politik, der den nichtorganisierten Wählern völlig verschlossen blieb.

Wir haben uns an diese Form der – verfassungsmäßig undefinierten – *2$^{nd}$-order-democracy* so gewöhnt, dass wir ihre politische Einflussasymmetrie fast gar nicht mehr beachten. Die korporatistischen Strukturen agieren, zum Teil auch an den Parteien vorbei, in direkter Erörterung und Verhandlung mit den jeweiligen Regierungen (und Oppositionen, soweit es zur Abstimmungsbildung nötig ist). Wer Einfluss auf den Gesetzgebungs- und parlamentarischen wie den Regierungsprozess hat, kann unterhalb der öffentlichen Meinung Entscheidungen bewirken bzw. beeinflussen, wie es im Konzept der parlamentarischen Demokratie nicht vorgesehen ist. Bei der nächsten Wahl können die Wähler wohl die Regierungen abwählen, nicht aber die korporatistischen *quasi*-Parteien bzw. ihre Kader.

Die korporatistischen Strukturen sind nicht nur einflussreich, sondern selber kartellartig operierend. Ihre Differenzen sind ihnen, einflusstaktisch, kein Hindernis, bestimmte Themen gemeinsam durchzubringen. Ihr Argument, bestimmte Wählerschichten zu vertreten, lassen sie als illegitime Parteien auftreten, die mit Stimmenentzug drohen können. Die Regierung kommt in dieser *2$^{nd}$-order-democracy* zudem in den Zugzwang, die nichtorganisierten Bürger – den schweigenden großen Rest – mit zu vertreten, weil sie von deren Stimmen abhängen. Dabei werden in dieser 2. Abteilung des Politikprozesses die nicht-organisierten Wähler zur Partei der Regierung (die mangels Verbandsvertretungen die einzige Gewährleistung für Berücksichtigungen sind), ohne Partei zu sein.

So entsteht die paradoxe Situation, dass die Regierung ihre Wähler virtuell einsetzen muss in den Verhandlungsprozessen des Politikrealisationsprozesses, um gegen Wählergruppierungen anzutreten, die im Wahlkampf gar keine offizielle Rolle spielten – gegen die quasi-Parteien der Verbände etc.

Paradox daran ist, dass wir damit den Demokratisierungsprozess weiter getrieben haben, als ihn nur auf den Wahlkampf zu begrenzen, aber asymmetrisch, unter Ausschluss der meisten Wähler, die von den Verhandlungsprozessen in der 2. Abteilung des ganzen Demokratieprozesses ausgeschlossen sind. Oder genauer gesagt: die Bürger haben 1 Stimme bei den Wahlen, manche Bürger aber haben, qua Mitgliedschaft in Verbänden etc., eine 2. Stimme, die im Politikprozess Abteilung 2 eingesetzt wird.

Die Bürger geraten in einen *political divide*, in dem eine kleine Gruppe, verteilt auf wiederum diverse Subgruppen, zum Teil mit Überschneidungen, in denen Einzelnen drei und mehr Stimmen zufallen, über die *quasi*-Parteien der korporatistischen Strukturen, politischen Bestimmungseinfluss bekommt, der verdeckt wird durch den Umstand, dass diese Parteien nicht im Wahlkampf auftreten, sondern – effektiver – fast nur in der Abteilung 2 des Demokratieprozesses.

Wir haben es mit einer – unexplizierten – Form der direkten Demokratie zu tun, allerdings als *subdomain* der formellen Demokratie. Die Verbände etc. der *2nd-order-democracy* agieren ‚wie Volksbegehren', nun allerdings als Minderheitsvotum, mit dennoch ausschließlichem Interventionspotential, wegen des Ausschlusses aller anderen. Wenn wir die direkte Demokratie, z.B. in der Form des Volksbegehrens, als Intervention der Bürger nach dem Wahlkampf in die Politikprozesse der Abteilung 2 bezeichnen, dann haben die Interventionsoperationen der korporatistischen Strukturen formell den Charakter von Volksbegehren, nur mit kleiner, d.h. clubartiger Mitgliedschaft.

Demokratietheoretisch ist diese Entwicklung problematisch, insbesondere im Kontext einer Wissensgesellschaft.

Wissensgesellschaften sind vage Beschreibungen einer neuen Entwicklung, in der eine informationale Transparenz herrscht, die es in den früheren Gesellschaften nicht gab. Die Öffentlichkeit wird um eine zweite Öffentlichkeit potenziert, wie wir sie insbesondere im Internet entfaltet sehen. Jeder Bürger kann sich über alle Belange der Politik und über alle anderen Fragen informieren, kann Einschätzungen besorgen, Kritiken etc. Wir sind eine offene Gesellschaft geworden, mit der eigentümlichen Inklusion, dass die expotentiell zunehmend Menge an Informationen nur eine Disposition, aber keine Faktum besserer Informiertheit ist. Denn die Flut an Informationen ist zugleich das Problem mangelnder Selektivität. Ohne Kriterien der Suche bleiben die Bemühungen, sich mehr zu informieren, im expotentiell ansteigenden Suchaufwand liegen.

Nicht das Internet, als Informationsinfrastruktur, ist das Entscheidende, sondern die Kommunikationsarenen, die im Internet neu entstehen (und die in der alten Öffentlichkeit der Medien neu gespiegelt werden). Doch wenn man die Wissensgesellschaft so thematisiert, ist sie rein optional definiert, ohne Rekurs auf die tatsächlich laufenden Wissens- und Wissenszugriffprozesse. Hier wird die Frage der Bürgerbeteiligung virulent, und zwar innerhalb der Struktur der *2nd-order-democracy*.

## 2. Knowledge–driven democracy

Wissen wird hier nicht mehr abstrakt als Zugriff auf Informationen eingeführt, sondern als Zugriff auf Informanden, die ihre Lebenswelten besser einschätzen können als Experten. Genauer gesagt wird hier von Bürgerwissen geredet, d.h. von der Kompetenz der Bürger, ihre Lebenswelten genauer auf ihre Belange hin einschätzen zu können als externe Beobachter. Dieses Wissen wird durchschnittlich nicht erhoben, weil die politischen Prozesse in einer Demokratie anders laufen.

Zwar sollen die Parteien, wegen der Meinungsbefragungsinstitute, die eine bedeutende Lenkungsfunktion im Politikprozess bekommen können, dieses Wissen sondieren, aber Parteien sind durchweg damit beschäftigt, ihren Mitgliedern Karrieren zu bauen, nebst ideologischen Fokussierungen, die die Perspektive auf das, was als Wissen der Bürger angeboten wird, selegiert. Parteien selegieren das Wissen der Bürger, das sie durchaus haben, nach internen Kriterien der Karriereverwertung und des politischen Überlebens. Zudem sind Parteien ideologisch präformiert und wissen immer schon, in gewissem Sinne, was die Bürger meinen können sollen. Sie erfüllen deshalb ihre *knowledge-management*-Funktion für die Politik nur noch unzureichend.

Wenn wir von Wissensgesellschaften reden und den politischen Prozess aussparen, ignorieren wir den *tacit knowledge* der Bürger, der nur insoweit erhoben wird, wie es in den Wahlangeboten angesprochen wird. Es gibt keine Arenen, in denen das Bürgerwissen systematisch thematisiert wird, keine Erörterungsarenen außerhalb der Fraktionen der jeweiligen Parlamente. Dort aber sitzen Repräsentanten, deren Kenntnisse bedingt sind und, vor allem, deren Interessen zum Großteil durch Organisationsdynamiken interner Prozesse absorbiert sind.

Demokratie im Kontext von Wissensgesellschaft heißt vornehmlich:

- Bürger kennen ihre Lebensumstände und kommunizieren mit der Politik (in Abteilung 2). Doch trügt dieses Bild, dessen unmittelbare Konsequenz die Einführung von, direct democracy' sein müsste.
- Die Bürger haben faktisch nicht das Wissen, das sie haben könnten; und nicht durch ‚politische Faulheit', sondern wegen der Selektionskomplexität, was
- vielleicht nicht der Parteien, aber anderer *information brokers* bedarf, die klären, was relevant ist. Wer die Herrschaft der Relevanz oder Aufmerksamkeit hat, steuert den politischen Prozess.

Hier liegt das Potential der ‚third-party-enforcers', die die Relation Staat/Bürger von den Parteien, die diese Funktion unzureichend erfüllen, weil sie nur Werbeagenturen für die Regierungen/Oppositionen sind, aber nicht *feed-back*-Instanzen an die Politikänderung der Regierungen/Oppositionen. Andere *third party enforcers* treten auf: NGO's, *internet-communities* etc. Potentiell können

Markenführer wie Popstars, Filmschauspieler etc. politische Themenführer werden, die, ohne Parteien, neue Parteien bilden.

Nicht die Option des expotentiell gestiegenen Wissens bzw. der Wissensmöglichkeiten ist von Bedeutung, sondern deren Selektion, Thematisierungen und Fokussierungen. Doch spiegelt dies alles im Grunde nur die Abteilung 1 wider: den Wahlkampf, der darauf hinausläuft, eine Regierung zu etablieren, die in Abteilung 2 dann Politik durchsetzen soll. Das Wissen auf politische Entscheidungen hin zu fokussieren, ist ein Abteilung 1 – Phänomen. Das Wissen der Bürger um ihre Lebenswelten zu nutzen, ist ein Abteilung 2 –Phänomen. Es geht dann nicht mehr um den politischen Stimmenmarkt, sondern um die Nutzung des Bürgerwissens für Politikrealisationen: knowledge-driven-democracy.

## 3. 2nd-order-democracy: reformuliert

Anstatt den Einfluss der korporatistischen Strukturen auf den Abteilung-2-Prozess zu kritisieren, ist es nur konsequent, ihn auszuweiten, d.h. die korporatistischen Strukturen in Konkurrenz zu anderen Einflüssen zu bringen. Wenn es gelingt, die Asymmetrie des Einflusses zu relativieren, indem nicht-organisierte Interessen ebenso Einfluss gewinnen auf den Politikprozess, müssen wir nicht in demokratischen Illusionen von direkter Demokratie argumentieren, sondern können eine moderne Ressource zum Einsatz bringen: *eGovernment*.

Es geht nicht darum, Abteilung 1 auszuweiten, sondern Abteilung 2. Die formelle Wahl bleibt unangetastet. Direkte Demokratie ersetzt die formellen Wahlprocedere oft durch irreguläre Procedere, die durch Zwischenkommunikationen erreicht werden können. Doch ist, bei genauerer Betrachtung, direkte Demokratie keine Ausweitung des Wahlkampfes, sondern eine Intervention in Abteilung 2, als Revisionsinstanz von Politikrealisationsprozessen. ‚Volksbegehren' ermöglichen es den Bürgern, nach den formellen Wahlkämpfen und Abstimmungen, zusätzliche Referenden abzuhalten, die nicht den Wahlkampf ersetzen, sondern in die Abteilung 2 des Politikprozesses intervenieren, um die Politikrealisation der Regierungen zu steuern.

Keine Regierung hat wirklich ein Interesse daran, in ihren subtilen Aushandlungsprozessen durch Volksbegehren irritiert zu werden. Aber die Regierungen haben ein Interesse daran, ihre Positionen gegen die korporatistischen Strukturen durch Verweis auf den Rest der Bevölkerung durchschnittlich die nicht-organisierte Mehrheit, zu stärken. Deshalb haben die Regierungen ein strukturelles Interesse daran, mit den Bürgern direkt zu verhandeln, um ihr eigenes Gewicht zu stärken im *bargaining* aller *policy stakeholders*. Das kann gestützt werden durch *eGovernment*.

Es geht dann nicht um *e-voting*, als Knopfdruckdemokratie zu allen möglichen und unmöglichen Begehren, sondern um eine Inklusion von Bürgern in Planungs- und Entscheidungsprozesse der Abteilung 2. Der Unterschied zur Revision der politischen Planungen durch ‚Volksbegehren', die mehr nur ‚negativen Willen' demonstrieren, wäre eine konstruktive Integration in Planungsprozesse. Es geht dann nicht um demokratische Negation, sondern um demokratische Konstruktion – anstatt Alternativen abzubrechen, bestimmte Alternativen zusätzlich zu stützen.

## 4. E-Government

Demokratisierung der Wissensgesellschaft heißt weniger: Wie werden die Bürger mehr informiert, sondern umgekehrt: Wie informiert sich die Politik über die Bürger – über ihre Anregungen, Bedürfnisse, Wünsche, Hoffnungen? Und wie kommuniziert sie mit ihnen?

*E-Government* bietet eine neue Kommunikationsdimension an: ein (informationstechnisches) Medium, das viele neue Formen generieren kann. Es geht dann nicht mehr um Information, sondern um wissensbasierte *new governance*.

Die *informatorische Dimension* ist die Ebene des fortlaufenden Protokolls der Politikereignisse und -entscheidungen. Die Bürger haben einen aktualisierten Überblick über das gesamte Leistungsspektrum öffentlicher Güter und Sanktionen. Über die verschiedenen Politikportale bekommt die Gesellschaft eine neuartige Gedächtnisfunktion. Die informatorische Dimension bewirkt mehr als nur mehr Information: Sie konstituiert Formen des politischen *commitments*.

Eine neue *Kontrakt-Öffentlichkeit* entsteht: Der Staat kann über *e-procurement* seine Beschaffung optimieren, wie überhaupt alle Vertragsangebote notieren (Leistungs- bis Arbeitsvertragsangebote). Hier wird die Grauzone der informellen Netzwerke, bis in den korruptiven Bereich hinein, transparent gemacht. Auch hier öffnet der Staat den Einblick in sein Netzwerk, entfaltet neue *private-public-relationships*, bis hin zu der aktuell diskutierten *corporate responsibility*.

Die *kommunikative Dimension* reicht in die Planungsbeteiligung der Bürger hinein. Neben den Wahlprocedere können die Entscheidungen in der Abteilung 2, nach Prioritäten formuliert, von den Bürgern mitgeplant und bestätigt werden. Der politische Diskurs läuft nicht nur im Wahlkampf, sondern auch später, in der 2. Phase des Politikprozesses. Die Option, die eine Regierung durch ihre Wahl bekommen hat, wird in Form *einer* $2^{nd}$*-order-democracy* finalisiert: Die Regierungen fragen, welche Projekte die Bürger prioritär behandelt haben wollen, angesichts budgetärer Restriktionen. Über die Portale lassen sich Bürgerplanungsbeteiligungen arrangieren. *2nd-order-democracy* ist keine direkte Demokratie, sondern eine neue Form der Kooperation zwischen Bürgern und Staat.

*E-Government* gibt der Politik Struktur: *new governance. New governance* bezeichnet neue Formen des strategischen Commitments und des Politikcontrollings. Die Internetportale, die der Staat entwickelt (bundOnline 2005), sind mehr als eine durch *one-stop-shops* erreichbare Bürgerorientierung. Das ist nur das halbe Potential. Die andere Hälfte lautet: Definition politischer Projekte in enger Kommunikation mit den Bürgern, vor allem mit den Projektbetroffenen, Erwägung und Festlegung finanzieller Möglichkeiten (Kosten, Nutzen, Budgets, *private finance = private-public-investments*), *commitments* über die Projekte, Ranking der Projekte, Terminierung der Durchführung, Durchführung ohne weitere politische Erörterung (Interventionsexklusion).

*E-Government* wird zum *issue-management*: Politik als strategische Thematisierung. Die Politik bekommt die Aufgabe, Angebote zu machen, die die Bürger erörtern und bewählen. Im Zwei-Phasen-Prozess der Politik ist die demokratische Wahl der Regierungen identisch mit der Wahl des Personals, dessen Projekte in einem zweiten Stadium besonders begutachtet und bewählt werden. Für dieses besondere *commitment* in der *2nd-order-democracy* bekommt die Regierung dann Durchführungsgewährleistung.

Es geht darum, *eGovernment* als Form der Beschleunigung von Politikentscheidungen in dynamischen *modern worlds* zu nutzen. Zugleich aber geht es darum, eine der Wissensgesellschaft angepasste Form einer *knowledge-driven democracy* zu finden, die mit dem normativen Ideal einer erweiterten Zivilgesellschaft zusammenfällt, wenn auch aus funktionalen Gründen.

Die Chance der *e-democracy* ist die ungeheure Transparenz und das durch sie ermöglichte *monitoring*, die ständige Politikbegleitung, auch: Politik-Bürger-Controlling – Bürger verfolgen die ‚policy' ihrer Kommunen im Internet und in den Zeitungen, in Zahlen, Kosten und Projekten. Die Wissensgesellschaft spart die Politik nicht aus. Wissen der Bürger wird zur Irritationsinstanz. Der Staat tauscht Bürgerexpertise gegen Transparenz seiner ‚policy'. Die Administration arbeitet mit Bürgern zusammen, um Umsetzungen effektiver zu gestalten. Man kommuniziert Projekte, nicht politische Meinungen. Das Gemeinwohl wird nicht mehr den Repräsentanten der politischen Präferenzen überlassen, weil man inzwischen weiß, dass sie eigene Präferenzen ins Spiel bringen.

Politik ist ein Prozess, in dem Bürgerpräferenzen nur eine sekundäre Rolle spielen können. Es wäre naiv, zu glauben, dass ein Bürger-Politik-Controlling diese Logik der politischen Systeme aushebeln könnte. Es geht nicht um moralische Intervention, sondern neue Kommunikationsarenen. Der Legitimationsdruck kann erhöht werden, und damit die Rechtfertigung von Entscheidungen, was den Diskurs über das, was gemeinsam gewollt werden könnte, intensiviert.

*E-Policy* entkoppelt das Gemeinwohl von der Gemeinwohlmetaphorik und handelt es konkret und (problem-)spezifisch aus – und damit jeweils unterschiedlich, nicht ubiquitär, nicht alle Lebensverhältnisse gleich stellend. Über die neue Organisation der Politik werden die Differenzen, die wir längst leben, artikuliert. Die Konsenskultur der Gemeinwohlharmonisierung tritt über in eine Phase der konfliktreicheren Aushandlungsdiversitäten, die Differenzen bestimmt, anstatt sie zu kaschieren.

Das sind keine Internetphantasmen. In den USA, aber auch in Europa (Holland, England, Schweden, Finnland) ist die *e-policy* (*e-democracy/ e-government*) längst weiter entwickelt. Wir stehen im Tangentenfeld zweier Entwicklungen, die wir selber nicht mehr entscheiden können:

- der Durchsetzung der Internetkommunikation auf allen Ebenen und
- der Europäisierung der Politik, die die *e-Government*-Dimension in unser Land eintragen wird.

Doch sind dies nur sekundäre Treiber. Das Hauptargument wird die durch *e-policy* möglich werdende Rückkehr der Politik in die Politik sein: die Bürgerbeteiligung, die die Steuerungsdefizite der aktuellen Politik durch Präferenzbefragung und Planungskooperation kompensieren will.

Wenn wir, als idealistische Demokraten, Politik als Realisation des Bürgerauftrages verstünden, könnten wir die Chancen der *e-democracy* nicht umgehen: Demokratie wird ein zweistufiges System:

- Die Bürger werden wie bisher in den Wahlen befragt, welche Programme sie bevorzugen, und dann
- werden sie in den Politikrealisationsprozessen noch einmal befragt, welche konkreten Projekte sie nun tatsächlich mittragen, indem sie in deren Planung integriert werden.

Die Vermittlerfunktionen von Parteien und Korporationen werden geringer. Das, was als Gemeinwohl konkret herausspringen soll, wird konkret: spezifisch und unter Offenlegung der effektiven Restriktionen jeweils neu verhandelt.

## 5. Der Staat: virtualisiert

Das neue Staatsmodell, das in der impliziten Strategie der ‚new' oder ‚progressive governance' steckt und das im *eGovernment*-Prozess realisiert werden kann, ist potentiell *ein virtueller Staat*. Der Staat nimmt sich zurück, aus dem Feld der Anspruchsinflation auf Kernkompetenzen der Erstellung öffentlicher Güter, die durch keine Marktwirtschaft je bereitgestellt würden. Die Lücke, die er entstehen lässt, füllt sich durch ein Netzwerk an Bürgerorganisationen. Der Staat reduziert sich auf einen unhintergehbaren Kern, lose gekoppelt mit weiten

Netzwerken bürgerschaftlicher Selbstorganisation, mit der er diverse Kooperationen eingeht, hoch elastisch, auf Zeit und kriteriengesteuert.

Dieses Modell reduziert nicht ‚den Staat', wie es neoliberale Phantasien wollen, sondern stärkt ihn, indem es ihn auf seine Kernkompetenzen festschreibt. Der Staat leistet, worin er gut ist, und zwar professionell. Aber er gibt alle Aufgaben, die die Gesellschaft selber – und besser – erledigen kann, an die Gesellschaft zurück. Es mag als paradox erscheinen, dass der Staat Aufgaben redelegiert, wo doch die Gesellschaft fordern können sollte, es in ihre eigene Verantwortung zu geben. Aber die Demokratisierungsbewegungen in Deutschland sind noch staatspaternalistisch infiziert: Was sie mehr an Demokratie wollen, verbinden sie mit einer Aufgabenerhöhung des Staates. Es sind Forderungs-, keine Leistungskartelle. ‚Mehr Demokratie' heißt in Deutschland noch immer: mehr Mitentscheidungen darüber, was der Staat mehr tun soll! Es heißt nicht, den Staat zu entlasten, damit er das, was er tun soll, besser leisten kann.

Wir sind dabei, den Staat zu überfordern. Er weiß es, kann aber nicht ohne weiteres aus seiner Rolle schlüpfen, wenn nicht andere Institutionen generiert sind, die seine Aufgaben übernehmen.

Der Staat ist in einer Krise, die ihn zur Entlastung zwingt. Als Wohlfahrtsstaat ist er überfordert, weil er – egalitär – allen Nutzungen ermöglicht. Er übersteigt damit seine alte Aufgabe, nur denen, die es nötig haben, Hilfe zu bieten. Jede neue Aufgabe, die er annimmt, aktiviert alle anderen, zu prüfen, ob nicht durch die neue Aufgabe ihre Rechte entweder verletzt oder nicht hinreichend bedient sind. Also formulieren sie neue Ansprüche, auf der Basis der egalitären Anspruchsberechtigung, die sich zur Anspruchsinflation ausgeweitet hat. Nicht die Tatsache, dass er sich neue Aufgaben zuschreibt, sondern die Folge, dass alte Aufgaben angesichts der neuen readjustiert werden sollen, überfordert den Staat.

## 6. Networking

Indem der Staat auf Kernkompetenzen zurückgenommen wird, verlagert er alle anderen Aufgaben in das Netzwerk der Gesellschaft und ihrer Wirtschaft. Nicht nur die Verschiebung von sozialen Aufgaben in das Medium des Sozialen, die Gesellschaft, ist hierbei neu, sondern vor allem auch die Temporalisierung von sozialen Projekten. Nur der Kompetenzkern des Staates bietet längerfristige Gewährleistungen; alle anderen sozialen Aufgaben werden netzwerkmodal bearbeitet, d.h. mit den Konstellationen, die sich im Netzwerk der Gesellschaft bilden, solange sie sich bilden.

Im Netzwerk stellt der Sozialstaat sich auf Sozial-Gesellschaft um, damit vom Sozialrecht auf die Realisationen, die die Bürger untereinander realisieren. Was hier noch fremd klingt, ist das Modell eines virtuellen Staates, der – über seine Kernaufgaben hinaus – jeweils Projekte aufwerfen kann, indem er die Bürger anregt, untereinander soziale Projekte zu realisieren oder aber in spezifische Partnerschaft mit den Bürgern und/oder ihrer Wirtschaft geht. Hochelastisch kann der virtuelle Staat die Projektdimension vergrößern oder wieder auf einen Kern einschmelzen. Er bindet keine Ressourcen mehr in dem Maße, wie er es bisher tut.

Die jetzige Reformentwicklung trägt alle Züge des Beginns eines virtuellen Staates in sich: die Teilprivatisierungen der großen Sozialversicherungen (Rente, Krankenversicherung), neue Programme in der Arbeitsmarktpolitik, die die Eigenaktivitäten forcieren, beginnende Erörterungen in der Bildungspolitik, inwieweit stärker auf private Ressourcen zurückgegriffen wird (zumindest im Hochschulbereich), neben den Privatisierungen ehemaliger Staatsbetriebe (Post, Bahn) in den Kommunen etliches Outsourcing von kommunalen Aufgaben – in der Form der Gründung von GmbHs oder als Übertragung an bürgerliche Vereine oder Bürgerforen etc. Hinzu kommen neue Formen der *private-public-partnership*, die das Netzwerk weben, das die Struktur des virtuellen Staates einleitet.

Wir befinden uns längst im Prozess der Virtualisierung des Staates, verstellt nur durch die Langsamkeit dieser Änderungen, die durch schwierige *bargainings* aufgehalten werden: Niemand will seine eingenommenen Wohlfahrtspositionen leichterhand aufgeben. Deshalb wird, ohne besondere Absicht, die Delegation der Staatsaufgaben an die Gesellschaft vornehmlich erst in den Bereichen laufen, in denen keine korporatistischen Strukturen noch intervenieren können – bei den nicht-organisierten Bürgern. Das geschieht so lange, so lange keine zivilgesellschaftlichen Strukturen entstehen, die – z.B. über die Möglichkeiten des *eGovernment* – neue Formen bürgerschaftlicher Kooperation in die Welt setzen, vornehmlich als Formen der Organisation kommunaler Belange, in enger Kooperation mit den Unternehmen am Ort.

Dabei sind die alten Semantiken der Bürgergesellschaft oder altruistischer oder solidarischer Motive womöglich nicht besonders hilfreich, geht es doch um Formen bürgerschaftlicher Investition in das eigene *social capital*, d.h. in jene Wertschöpfung, die die *community* lebenswert macht und attraktiv, so dass man sich bindet und weitere Investitionen tätigen will, nebst anderen, die deswegen in diese *communities* ziehen wollen.

*Der virtuelle Staat ist die Redelegation des Staates an seine Bürger, in ihre Verantwortung, ihre Selbstorganisation.* Hatte nicht Hegel bereits die Vorstellung, dass der Staat, als Notstaat, nur solange Gültigkeit hat, bis die Bürger einen Stand des Selbstbewusstseins erreicht haben, der ihnen die reelle Freiheit einzugehen ermöglicht – dann ohne den Staat? Ist *E-Government*, das so amerikanisch anmutet, dann nicht bloß eine weitere Stufe des hegelschen Selbstbewusstseins – eine *IT-supported very European idea*?

## Literatur

Baecker, Dirk: Ämter, Themen und Kontrakte: Zur Form der Politik im Netzwerk der Gesellschaft. In: Priddat, Birger P. (Hrsg.): Der bewegte Staat. Formen seiner ReForm. Notizen zur ‚New governance'. Marburg: Metropolis, 2000, S. 9-54

Barzel, Yorim: The state and the diversity of third party enforcers, Paper presented at the second annual conference of the International Society of New Institutional Economics, Paris, 1998 (http//:www.isnie.org/isnie98/Barzel.doc)

Beck, Ulrich: Mehr Zivilcourage bitte. In: Die Zeit, Nr. 22/25.5.2000, S. 11

Berlin Communique: Progressive Governance for the 21th Century, 3.6.2000, Berlin, joint statement of 14 political leaders of the world

Blair, Tony/Schröder, Gerhard: Europe: The Third Way. Joint statement, 11. Juni 1999

Gabriel, Sigmar: Das Ende der Dinosaurier. In: Der Spiegel, 14/2000, S. 40-42,

Giddens, Anthony: The Third Way: The Renewal of Social Democray. Cambridge: Polity Press, 1998

Giddens, Anthony: Runaway World: How Globalisation is Reshaping our Lives. London: Profile Books, 1999

Jansen, Stephan A./Priddat, Birger P.: Electronic Government – neue Potentiale eines modernen Staates. Stuttgart: Klett-Cotta, 2001 (vgl. hier ein aktuell vollständiges Literaturverzeichnis zum Thema)

Jansen, Stephan A./Priddat, Birger P.: From Civil Society to eGoevrnment: The Virtualisation of the State. in: Schröder, Gerhard (Hrsg.): Progressive Governance for the XXI Century. Contributions to the Berlin Conference. München: Beck, 2002, S. 51-62

Kersting, Wolfgang (Hrsg.): Politische Philosophie des Sozialstaats. Weilerwist: Velbrück, 2000

Kersting, Wolfgang: Politische Solidarität statt Verteilungsgerechtigkeit? Eine Kritik egalitaristischer Sozialstaatsbegründung. In: Kersting, Wolfgang (Hrsg.): Politische Philosophie des Sozialstaats. Weilerwist: Velbrück, 2000, S. 202-256

Leggewie, Claus/Maar, Christa: Internet & Politik – Von der Zuschauer- zur Beteiligungsdemokratie. Köln, 1998

Leggewie, Claus/Bieber, Chr.: Interaktive Demokratie. In: Aus Politik und Zeitgeschichte, B41-42/2001, S. 37ff.

Lenk, Klaus: Ganzheitliche Gestaltung der Verwaltungsarbeit als Schlüssel zu Electronic Government. In: Scheer, A.-W. (Hrsg.): E-Business – wer geht? Wer bleibt? Wer kommt?. Physica-Verlag, 2000, S. 294ff.

Lenk, Klaus/Traunmüller, Roland: Broadening the Concept of Electronic Government. In: Prins, J.E.J. (Hrsg.): Designing E-Government. Dordrecht: Kluwer, 2001, S. 63ff.

Littmann, Peter/Jansen, Stefan A.: Oszillodox. Virtualisierung – die permanente Neuerfindung der Organisation. Stuttgart: Klett-Cotta, 2000

Lohmann, Karl Reinhard: Sozial versichert? In: Kersting, Wolfgang (Hrsg.): Politische Philosophie des Sozialstaats. Weilerwist: Velbrück, 2000, S. 404-427

Nullmeier, Frank: Politische Theorie des Sozialstaats, Frankfurt/New York: Campus, 2000

Peacock, Mark: Third Way Politics and the Future od Social Democracy. Reflections on the Recent Thought of Anthony Giddens. In: Priddat, Birger P. (Hrsg.): Der bewegte Staat. Formen seiner ReForm. Notizen zur ‚New governance'. Marburg: Metropolis, 2000, S. 167-196

Priddat, Birger P.: Menschen in Kooperationen – Organisationen als Identitätslandschaften. In: Beate Hentschel, Michael Müller, Hermann Sottong (Hrsg.): Verborgene Potenziale. Was Unternehmen wirklich wert sind. München/Wien: Hanser 2000

Priddat, Birger P. (Hrsg.): Der bewegte Staat. Formen seiner ReForm. Notizen zur ‚New governance'. Marburg: Metropolis, 2000

Priddat, Birger P.: reForm. Über den Wunsch nach Form in der Politik. In: Priddat, Birger P. (Hrsg.): Der bewegte Staat. Formen seiner ReForm. Notizen zur ‚New governance'. Marburg: Metropolis, 2000, S. 119-166

Priddat, Birger P.: Der Stellenwert korporatistischer Wirtschaftspolitik vor geänderten Rahmenbedingungen. In: Smekal, Chr./Theuerl, T. (Hrsg.): Globalisierung. Tübingen: Mohr Siebeck, 2001, S. 185-206

Progressive Governance for the XXI Century (1999): Conference proceedings Florence, $20^{th}$ and 21th November 1999, o. O.

Scharpf, Fritz W.: Versuch über den verhandelnden Staat. In: Czada, Roland/Schmidt, Manfred G. (Hrsg.): Verhandlungsdemokratie, Interessenvermittlung, Regierbarkeit, Festschrift für Gerhard Lehmbruch. Opladen: Westdeutscher Verlag, 1993, S. 25-50

Schefczyk, Michael: Soziale Sicherheit im Transformationsstaat. In: Priddat, Birger P. (Hrsg.): Der bewegte Staat. Formen seiner ReForm. Notizen zur ‚New governance'. Marburg: Metropolis, 2000, S. 83-118

Schefczyk, Michael/Priddat, Birger P.: Effizienz und Gerechtigkeit. In: Kersting, Wolfgang (Hrsg.): Politische Philosophie des Sozialstaats. Weilerwist: Velbrück, 2000, S. 428-466

Schröder, Gerhard: Die zivile Bürgergesellschaft. Anregungen zu einer Neubestimmung der Aufgaben von Staat und Gesellschaft. In: Die neue Gesellschaft, Nr. 4 / April 2000, S. 200-207

Schudson, Michael: The Good Citizen. A History of American Civic Live. Boston: Harvard University Press, 1999

Stockholm Progressive Summit: A progressive agenda for democracy and development, Stockholm Progressive Summit 22-23. Februar 2002 (http://www.progressive.gov.se/communique.asp)

Wieland, Josef: Kooperationsökonomie. Über das Verhältnis von Ökonomie und Gesellschaft. In: Priddat, Birger P. (Hrsg.): Der bewegte Staat. Formen seiner ReForm. Notizen zur ‚New governance'. Marburg: Metropolis, 2000, S. 55-82

*Matthias Machnig*

# Es geht nicht um „New or Old“. Es geht um Innovationen

Die rasante Entwicklung der „Neuen Technologien“ und die Entstehung eines Wirtschaftszweiges, der schnell auf den Namen „New Economy“ getauft wurde, wird häufig für eine grundlegende Transformation unseres Alltags und unseres Wirtschaftslebens gehalten. Doch was ist wirklich neu an der New Economy? Gelten für sie wirklich andere Grundsätze als für die traditionellen Wirtschaftsformen, die sogenannte „Old Economy“? Nein, sagt Paulus Neef, Gründer von Pixelpark: „Es ist doch so, dass auch in der sogenannten New Economy die normalen Gesetzmäßigkeiten der Ökonomie gelten. Ohne Umsatz, ohne Gewinn, ohne klare Profitabilität gibt es einfach keine Geschäfte.“ Und weiter: „Es gibt nur eine Wirtschaft, die Real Economy.“[1]

Paulus Neef weiß, wovon er spricht. Und er hat Recht. Natürlich basiert die New Economy auf den Grundsätzen der Marktwirtschaft. Die New Economy hat sich gerade aus dieser Marktordnung entwickelt.

Dennoch sind mit Begriffen wie „New Economy“ und „Neue Technologien“ ganz bestimmte Entwicklungen verbunden, die es durchaus wert sind, genauer betrachtet zu werden. Im engeren Sinne geht es hierbei um einen technologischen Fortschritt, der sich in bisher nie geahntem Tempo vollzieht. Gesellschaftspolitisch geht es um die Umwälzungen, die sich auf dem Weg in die Wissens- und Informationsgesellschaft vollziehen.

Die New Economy ist längst Bestandteil unseres Alltags geworden. Im Beruf und im Privatleben, im globalen Wirtschaften und im lokalen Handeln: überall haben die neuen Technologien Einzug gehalten. Manuel Castells' „Kultur der realen Virtualität“[2] ist längst Wirklichkeit geworden. Die elektronischen Medien vermitteln uns unsere Umwelt und sie bestimmen unsere Wahrnehmung. Umso wichtiger ist eine intensive Auseinandersetzung mit dieser Entwicklung.

---

1 In einem Interview mit der Welt am Sonntag vom 24.12.2000.

2 siehe Castells, Manuel: Das Informationszeitalter – Teil 1. Die Netzwerkgesellschaft. Opladen: Leske und Budrich, 2001.

## 1. Innovationen treiben die Neuen Märkte voran

Die Welt der New Economy und ihrer Unternehmen ist geprägt von einem technologischen Wandel, der sich in atemberaubendem Tempo vollzieht. Technologischer Fortschritt begleitet die Menschheit seit jeher, doch das Tempo, mit dem er nun vorangetrieben wird, steigt. Täglich wird weltweit in der Informationstechnologie und in verwandten Bereichen geforscht, neu erfunden und weiterentwickelt. Alle 18 Monate verdoppelt sich die Leistung von Mikrochips. Mit jeder Leistungssteigerung ergeben sich neue Anwendungsmöglichkeiten und neue Aufgabengebiete für die neuen Technologien. Innovationen sind das Lebenselixier der New Economy.

Immer komplexere Systeme dringen in immer weitere Bereiche des täglichen Lebens vor.

Unternehmen, Arbeitnehmerinnen und Arbeitnehmer, der Staat und die Zivilgesellschaft müssen mit diesem Tempo Schritt halten. Wer zurückfällt, verliert Marktanteile. Wer nicht mithält, kann arbeitslos werden. Und wenn Staat und Zivilgesellschaft nicht Schritt halten, verlieren sie ihre Gestaltungsmöglichkeiten.

Insbesondere die Entwicklung des Internets hat die Kommunikationsformen der Gesellschaft revolutioniert. Jederzeit sind Informationen abrufbar. Weltweite Kommunikation ist in Sekundenschnelle möglich. Ladenöffnungszeiten, lange Kommunikationswege und endlose Telefonwarteschlangen gehören für Kunden im Internet der Vergangenheit an. Die Vorteile des E-Commerce haben bereits viele Käufer überzeugt: In Deutschland hat der Einkauf im Internet bereits ein Volumen von 19,1 Mrd. US-Dollar (2001) erreicht. Europaweit werden jährlich fast 70 Mrd. US-Dollar im elektronischen Medium umgesetzt[3].

Das Internet benötigt die Logistik der traditionellen Vertriebswege, um Waren an den Verbraucher zu liefern. Die Verzahnung zwischen Elektronik und Außenwelt, zwischen „Virtual Reality“ und „Real World“, muss organisiert werden.

Vor allem aber benötigt das Internet Menschen, die es mit Informationen füttern. Menschen, ohne deren Input Kommunikation nicht möglich wäre. Hinter jeder technischen Revolution stehen Menschen, die sie vorantreiben, und auch Menschen, die sie umsetzen.

Gerade der schnelle technologische Wandel stellt hohe Anforderungen an diejenigen, die ihre Arbeitskraft in der New Economy einsetzen. Die Informationsgesellschaft benötigt hochqualifizierte Arbeitskräfte, um den Fortschritt voranzutreiben und um seine Umsetzung zu gewährleisten.

---

3 *Informationsgesellschaft Deutschland.* Fortschrittsbericht zum Aktionsprogramm der Bundesregierung „Innovation und Arbeitsplätze in der Informationsgesellschaft des 21. Jahrhunderts“ (Februar 2002).

Doch im Angesicht des schnellen Wandels in der Branche genügt es nicht, hochqualifiziert in den Beruf zu starten. In einer Welt, die sich kontinuierlich wandelt, muss Wissen und Qualifikation ständig überprüft und erweitert werden. Lebenslanges Lernen wird zum Grundpfeiler beruflichen Erfolges. Weiterbildungsmaßnahmen im Rahmen des Arbeitsverhältnisses und in der Freizeit müssen wahrgenommen werden, um mit den neuen Technologien Schritt halten zu können.

Somit wird Qualifizierung zu einer zentralen Führungsaufgabe in Wirtschaft und Politik. Anders als in der Industriegesellschaft stellen in der Wissensgesellschaft nicht mehr die materiellen Besitztümer das größte Kapital dar. Schlüssel zum Erfolg sind das Wissen und die Erfahrungen der Mitarbeiter. Auf der Qualifikation der Menschen baut sich wirtschaftlicher Erfolg auf.

Innovation treibt die neuen Märkte voran. Qualifikation als Führungsaufgabe schafft die Grundlage für Innovationen.

## 2. Globalisierung schafft Netzwerke

Die technologische Revolution – ausgelöst durch den raschen technischen Wandel – ist vor allem eine Revolution der Kommunikationswege. Besonders durch Internet und E-Mail ergeben sich Möglichkeiten, die bis vor kurzem noch kaum vorstellbar erschienen.

Zum einen fällt die sekundenschnelle Geschwindigkeit auf, mit der Nachrichten und Informationen rund um den Erdball schießen. Was heute in Europa per E-Mail versandt wird, ist nur Sekunden später in Sydney oder Melbourne abrufbar. Die Welt rückt buchstäblich, nämlich im Austausch geschriebener Nachrichten, zusammen.

Neue Communities entstehen, die sich nach anderen Prinzipien, Interessen und Arbeitsweisen ausrichten. Communities organisieren sich in einer Vielzahl von „Netzwerken“. Die hohe Geschwindigkeit der Kommunikation ermöglicht eine globale Vernetzung der Communities. Netzwerke werden global und interkulturell.

Die Revolution der Kommunikationswege ist Voraussetzung für einen grundlegenden Wandel der modernen Wirtschaftsweisen. In der Industriegesellschaft stand der Austausch von Gütern im Vordergrund. Gewinn wurde durch das Übertragen von Eigentum an materiellen Dingen erzielt. Die Industriegesellschaft war linear ausgerichtet. Sie war schwerfällig und langsam.

Wirtschaften in der modernen Wissensgesellschaft hingegen basiert auf dem Austausch von Informationen. Was die Unternehmen der New Economy verkaufen, ist das Recht, an einer entwickelten Konzeption teilzuhaben. Warum beispielsweise sollte ein Buch noch per Post von A nach B versandt werden, warum sollte ein materielles Gut den Besitzer wechseln? Viel effektiver ist es doch, sich über Datenleitungen den Text direkt ins Haus liefern zu lassen. Der Kunde erwirbt die Möglichkeit, die Informationen des Buches zu nutzen. Er hat keinen Bedarf am materiellen Produkt.

Die Entmaterialisierung der Wirtschaftsprozesse führt zu einer umfassenden Neuordnung der Wirtschaftsprozesse in der Welt. Statt linearen Geschäftsprozessen bilden sich Zusammenschlüsse verschiedener Unternehmen, die dem Kunden Komplettlösungen anbieten. So bieten namhafte Automobilfirmen dem Kunden heute weit mehr an als nur ein Auto. Wenn über den Verkauf eines Autos hinaus der Abschluss einer Versicherung angeboten wird, oder der Kundenservice und Pannendienst gewährleistet wird, wird aus einer einfachen Transaktion eine komplette „Mobilitätslösung".

Unternehmen schließen sich zu Verbünden zusammen, um ihren Kunden diese umfassenden Lösungen anbieten zu können. Auch hier entstehen also Netzwerke. Netzwerke, von denen alle beteiligten Unternehmen profitieren. Netzwerke, die nicht linear, sondern komplex ausgerichtet sind.

Der Ökonom Jeremy Rifkin beschrieb den Übergang zur Wissensgesellschaft mit folgenden Worten: „Ein auf dem Austausch von Eigentum basierender Markt wird zu einem Markt werden, der von den Zugangsbeziehungen zu Netzwerken bestimmt ist."[4]

Netzwerke formieren sich jedoch auch auf zivilgesellschaftlicher Ebene. Sie zeichnen sich durch eine hohe Flexibilität aus. Akteure treten in Dialog zueinander, ohne sich eng zu binden. So hat beispielsweise die SPD durch Netzwerke und Foren erfolgreich Kompetenzen an sich gebunden, die sich in die traditionellen Parteistrukturen nicht eingefügt hätten. Junge Wählerinnen und Wähler sind ein Beispiel, junge Unternehmerinnen und Unternehmer ein weiteres.

Ziel ist es, durch Vernetzung Kompetenzen zu schaffen und im Austausch Lösungsmöglichkeiten auf gesellschaftliche Umwälzungen zu finden. Dabei sind diese Netzwerke selbst Teil dieses gesellschaftlichen Wandels. Es geht also in Staat und Zivilgesellschaft darum, bestehende Trends aufzugreifen, um Bürgerinnen und Bürger oder Wählerinnen und Wähler an sich zu binden. Es geht aber auch darum, die sich entwickelnde Netzwerkgesellschaft aktiv mitzugestalten.

---

4 Aus: Jeremy Rifkins Rede „The Age of Access" auf dem Internet-Kongress der SPD "Ein Netz. Eine Welt. Eine Zukunft" am 7. Juli 2001 in Hamburg (deutsche Übersetzung des SPD-Parteivorstandes).

## 3. Flexibilität und Teilhabe führen zu neuen Organisationsformen

Das rasche Tempo der Informationsgesellschaft verlangt nach besonderer Flexibilität in Denken und Handeln. Neue Trends aus allen Winkeln des Erdballs rasen in Sekundenschnelle auf die Bildschirme der New-Economy-Dienstleister. Ein internationaler Kundenstamm verlangt nach Leistung rund um die Uhr. Irgendwo auf der Welt sind immer gerade Geschäftszeiten.

Der Informationsaustausch erfolgt global und in Lichtgeschwindigkeit. Der direkte Kontakt zwischen Unternehmen und Kunde wird zu einer Schlüsselaufgabe der Unternehmensführung. Das Internet umgeht jedoch nicht nur den in der Industriegesellschaft üblichen Zwischenschritt des Handels. Interaktivität ist des Merkmal der neuen Wirtschaftszweige. Kunde und Anbieter treten in einen Dialog. Individuelle Wünsche der Abnehmer können im Handel mit Wissen und Informationen in weit größerem Maße berücksichtigt werden als in der industriellen Massenproduktion. Auch dieser Dialog ähnelt also eher einem Netzwerk als den traditionellen linearen Transaktionsformen.

Das Internet kann sein Potential nur dann entfalten, wenn Informationen kontinuierlich auf dem neuesten Stand sind. Das heißt auch, Informationen dann zu bearbeiten und zu nutzen, wenn sie eintreffen – auch abends und am Wochenende.

Diese Merkmale der neuen Technologien verlangen nach einem bestimmten Typ Mitarbeiter: Hochmotiviert, hochqualifiziert und überdurchschnittlich einsatzbereit. Im Vergleich zu den traditionellen Arbeitsweisen früherer Jahre hat sich hier einiges gewandelt. Geregelte Arbeitszeiten? Unmöglich im schnellen E-Business. Freie Wochenenden? Die Welt schläft nie. Wenigstens geregelte Schichtzeiten? Wer weiß schon, wann die wichtigen Informationen eintreffen.

Die notwendige Flexibilität in der Arbeitsgestaltung kann nicht ohne Auswirkung auf die interne Organisationsstruktur der Unternehmen bleiben. Flache Hierarchien und kurze Kommunikationswege sind Merkmale der neuen Organisationsformen. In der Informationsgesellschaft herrscht die heterarchische Unternehmenskultur vor. Wissen wird geteilt, Aufgabengebiete sind weniger klar voneinander abgetrennt als es in den Großbetrieben der Old Economy der Fall war. Aus dieser Mitgestaltung der eigenen Arbeit und des Unternehmens ergibt sich eine Teilhabe an Arbeits- und Geschäftsprozessen, die zu einem grundlegenden Wandel im Verhältnis Arbeitgeber/Arbeitnehmer führte. Der Volkswirt Birger Priddat spricht gar von einem „Experiment in Beteiligung, in aktiver Partizipation“ (siehe sein Beitrag in diesem Band).

Die in der New Economy Tätigen fühlen sich häufig eher als Teilhaber denn als Angestellte. Aus diesem Arbeitsgefühl heraus will sich die klassische Trennung zwischen Arbeitgeberseite und Arbeitnehmerinteressen nicht so recht einstellen. Neue Formen der Organisation müssen gefunden werden.

Lockere Verbünde mit ähnlich beschäftigten Kolleginnen und Kollegen erscheinen hier attraktiver.

Nicht nur in der New Economy lässt sich ein Abwenden von den bestehenden Strukturen beobachten. Auch Parteien verlieren an Mitgliedern und tun sich besonders schwer, junge Interessenten für ihre Arbeit zu begeistern. Dabei ist es keineswegs so, dass Politik bei jungen Menschen generell auf Ablehnung stößt. Aber die alten Strukturen erscheinen vielen zu starr und hierarchisch. Hier müssen neue Möglichkeiten des gesellschaftlichen Engagements geschaffen werden. Die SPD hat mit Red Net eine Plattform geschaffen, die aktionsorientiert ist und einen lockeren Verbund Gleichgesinnter schafft. Das Ziel heißt, sich gemeinsam für eine Sache zu engagieren – mit Nachdruck, aber ohne sich fest in Organisationen einbinden zu lassen. Wir haben viel Zustimmung zu Red Net erfahren.

Diese neue Form der Interessenvertretung scheint auch in der New Economy Branche auf Resonanz zu stoßen. Man trifft sich, man versteht sich auch als durch gemeinsame Interessen verbunden, aber Ziel ist nicht, eine klar strukturierte und hierarchisch aufgebaute Organisationsform aufzubauen. Auch hier hat sich das Netzwerk als Organisationsform und Interessenvertretung durchgesetzt.

Das Modell der Teilhabe, das sich in weiten Teilen der Informationsgesellschaft durchgesetzt hat, kann und muss auch in der Zivilgesellschaft aufgegriffen werden. Staat, Gewerkschaften und Arbeitnehmerverbände sind hier gefordert. Notwendig sind Netzwerke und dezentrales Arbeiten, das optimal die Bedingungen im jeweiligen Bereich aufgreifen kann.

So haben sich die traditionellen Formen der Partei- und Gewerkschaftsarbeit keineswegs überholt, sie müssen aber ergänzt werden. Parallel entwikkeln sich Strukturen, die spezifische Interessen und Rahmenbedingungen aufgreifen.

Auch der Staat muss sich heute neu definieren. Die grundlegenden Aufgaben staatlichen Handelns haben sich nicht gewandelt. Die öffentliche Daseinsvorsorge seiner Bürgerinnen und Bürger gehört dazu, auch die Sorge für innere und äußere Sicherheit sowie die Schaffung von Chancengleichheit.

Hans Martin Bury schreibt in diesem Band: „Weg vom allzuständigen, fürsorgenden Staat – hin zu einem aktivierenden ‚Partner Staat'". Das ist richtig. Für den modernen Staat muss es darum gehen, in einen beständigen Dialog mit seinen Bürgerinnen und Bürgern zu treten. Tägliche Teilhabe im Sinne einer gegenseitigen Vereinbarung zur Gestaltung gesellschaftlichen Lebens muss das Ziel sein. So wird Sozialpolitik zukünftig in weit stärkerem Maße nach dem Grundsatz des „Fördern und Fordern" ausgerichtet werden. Der Bezug von Sozialleistungen beinhaltet gleichzeitig die Verpflichtung zur Eigeninitiative.

Ohne Eigenverantwortung kann Teilhabe nicht bestehen. Somit hat die Politik auch die Verpflichtung, den Menschen als eigenverantwortliches Wesen, das selbst gestalten kann und will, zu betrachten.

Dieses grundlegende Politikverständnis ist weit entfernt vom neoliberalen Credo des „Let the market rule." Das skizzierte Verständnis von Teilhabe nimmt auch die Politik in die Pflicht. Wie gesagt, an den grundsätzlichen Aufgaben des Staates hat sich nichts geändert, aber die Wege zu ihrer Erfüllung verlaufen anders.

## 4. Die New Economy bedarf einer Strategie der Nachhaltigkeit

So innovativ die New Economy Branche heute neue Wege in Wirtschaft und Gesellschaft aufzeigt, ein wirtschafts- und gesellschaftspolitisches Prinzip muss sie sich zu eigen machen, wenn sie sich dauerhaft bewähren will. Es geht um die Nachhaltigkeit im Wirtschaften.

Nachhaltigkeit zielt darauf, nicht kurzfristig zu denken und zu produzieren, sondern den Grundstock für eine solide Arbeit auch in der Zukunft zu sichern. Im Bereich der Wirtschaft heißt dies vor allem, Unternehmungen und Existenzgründungen auf eine Basis zu stellen, die auch nach Monaten und Jahren noch trägt. Wir alle haben den rasanten Aufstieg und den dramatischen Absturz der New Economy Unternehmen der letzten Jahre miterlebt. Hier haben wir das genaue Gegenteil von nachhaltigem Wirtschaften gesehen. Die hohen Wachstumsraten in den Anfangsjahren der New Economy versprachen rasche Gewinne für Investoren. Ein schneller „Return on Investment" war häufig – nicht in allen Fällen – das Ziel. Ungeduldige Investoren, deren überzogene Gewinnerwartung sich nicht innerhalb eines kurzen Zeitraumes erfüllten, zogen Gelder aus Existenzgründungen ab und entzogen ihnen somit jede Grundlage.

Das jähe Ende der ersten Gründungsgeneration der New Economy hat viele Träume zerstört. Es hat Existenzen ruiniert und verbrannte Erde hinterlassen.

Nicht nur die Geldgeber haben Schuld daran. Überstürzt ausgearbeitete Business-Pläne unerfahrener Jungunternehmer konnten keine Grundlage für dauerhafte Existenzen bieten. Um das Jahr 2000 herrschte allgemein eine Aufbruchsstimmung vor, die sich aber bald zum überblähten „Hype" wandelte. Der Absturz, der dann eintrat, war eine unabwendbare Folge dieser Zeit.

Doch die New Economy lebt noch. Die neuen Technologien bieten Zukunft für Unternehmen und Gründer. Nach den Monaten der Niederlagen trennt sich nun die Spreu vom Weizen. Etliche Unternehmen der ersten Stunde haben überlebt. Amazon ist nur eines davon, Caatoosee ein weiteres. Die Erfahrungen erfolgreicher Gründer sind im Teil eins dieses Bandes nachzulesen. Nachhaltiges, auf Dauer angelegtes Wirtschaften schafft Sicherheit für alle Beteiligten: für die Unternehmer, die Angestellten und die Investoren. Es muss zu einem unverzichtbaren Bestandteil verantwortungsbewusster Ökonomie werden.

Doch das Ziel der Nachhaltigen Entwicklung geht weit über die reine Ökonomie hinaus. Es ist auch ein politisches Ziel, das in alle Bereiche staatlichen und zivilgesellschaftlichen Handelns ausstrahlt. Generationengerechtigkeit, Lebensqualität, sozialer Zusammenhalt und internationale Verantwortung – all dies bedeutet Nachhaltigkeit.

## 5. Fazit

Die New Economy hat das Rad nicht neu erfunden. Sie ist Teil unserer Wirtschaftsordnung und agiert auf Grundlage der marktwirtschaftlichen Gesetzmäßigkeiten. Innovationen sind ihr Lebenselixier, Flexibilität und Teilhabe ihre Organisationsformen. Die Unternehmen der Neuen Märkte agieren global und vernetzt.

Diese Grundlagen der New Economy haben eine breitere gesellschafts- und wirtschaftspolitische Relevanz. Wir dürfen uns nicht damit zufrieden geben, auf diese Entwicklungen zu reagieren. Politik muss Modernisierung gestalten. Sie tut dies im Rahmen der neuen Entwicklungen und auch mit ihrer Hilfe. Die komplexe Interaktion von Wirtschaft, Gesellschaft und Politik bildet den Rahmen politischer Gestaltungsmöglichkeiten.

In den schnellen Anfangsjahren der New Economy mit ihren rasanten Überflügen und tiefen Abstürzen wurde die Nachhaltigkeit als grundlegendes Prinzip verantwortungsbewussten Handelns allzu oft vernachlässigt. Die zweite Gründungsgeneration der New Economy handelt hier anders. Unternehmensgründungen und Projektarbeit ist weniger auf einen schnellen Return on Investment ausgelegt als auf dauerhaftes Wirtschaften. Wer heute – also nach dem Fall der Aktienkurse und der ersten Pleitewelle in der New Economy – noch im Geschäft ist, hat gute Chancen. Wer heute einsteigt, tut dies vorsichtiger und in der Regel auch nachhaltiger.

So greifen die Erfahrungswerte aus Politik, Gesellschaft und Wirtschaft ineinander und bedingen sich gegenseitig. Die Politik muss die Erneuerung von Wirtschaft und Zusammenleben gestalten. Aber auch Politik muss sich verändern. Das Ziel muss sein, nicht allein auf die Veränderungen zu reagieren, sondern die Modernisierung aktiv zu gestalten.

*Barbara Schwarze*

# Wer ist wirklich drin? – Gender in der Informationsgesellschaft

Im März 2002 veröffentlichte das Bundesministerium für Wirtschaft und Technologie den Monitoringbericht zur Informationswirtschaft. Nach diesem Bericht „nutzen" 30,8 Millionen Personen oder 48% der Deutschen über 14 Jahren das Internet[1]. Eine riesige Zahl von Personen, die idealerweise auch Einkäufe über das Internet erledigen und finanzielle Transaktionen gemütlich vom heimischen Sessel aus in die Wege leiten könnte. Aber sind sie wirklich alle drin? Hat jede(r) zweite Deutsche im Alter von über 14 Jahren bereits das Internet genutzt?

## 1. Frauen und Männer im Internet

Ein Blick auf die Erläuterungen zu den Marktstudien des Monitoringberichts hilft weiter. Nutzung heißt in diesem Fall: Laut repräsentativer telefonischer Umfrage waren 48% der Deutschen in den letzten 12 Monaten zumindest einmal (!) privat oder beruflich im Internet. Dieser Begriff von Nutzung enthält also nur eine Information darüber, wer bereits Kontakt mit dem Internet hatte, lässt aber keine Rückschlüsse darauf zu, in welchem Umfang diese Personen das Internet für Bestellungen, Onlinebanking oder andere interessante Anwendungen nutzen. Eine Studie von Cyber Atlas[2] über die Internetnutzungsgewohnheiten in den USA zeigt beispielsweise, dass Frauen dort inzwischen 52% der privaten Internetnutzer stellen. Gleichwohl verbrachten sie deutlich weniger Zeit im Internet als Männer und riefen weniger Seiten auf. Dawn Brozek, Senior Internet Analystin bei Nielsen/Netratings, zog daraus den Schluss, dass Frauen den Hauptanteil der Haushaltsverantwortlichkeit

---

1 BMWi (Hrsg.): Monitoring Informationswirtschaft, März 2002. NFO, Infratest, Information und Dokumentation, Folie 19.

2 Cyber Atlas Staff: Men still dominate worldwide internet use. January 22, 2002 (Source Nielsen/Netratings).

„schultern“ und daher zu Hause über ein zu geringes Zeitpolster für umfangreichere Internetsitzungen verfügen.

Der Kontakt mit dem Internet ist in den letzten Jahren erheblich angestiegen. Es gibt Internetseiten für jegliches persönliches Hobby und alle nur möglichen Interessen. Seiten für das schöne Geschlecht, wie „Herberts Männerseiten – Wo ein Mann noch ein Mann sein darf“ (nicht so ernst gemeint), konkurrieren in lockerer Folge mit emanzipativen Internetangeboten wie der Seite des BdHM, des Bundesverbandes der im Haushalt helfenden Männer[3]. Auch im Bereich der Frauen tut sich Erstaunliches: So hat sich Carola Enning, weithin bekannte Macherin der Hausfrauenseite im Netz[4], inzwischen mit der Erstellung des Webkatalogs „Powercat“ auf einen interessanten professionellen Weg begeben. Die Internetseiten mit Angeboten für Frauen werden auch wirtschaftlich immer interessanter. So hatte die Aktion „Frauen ans Netz“, eine Public-Private-Partnership des Bundesministeriums für Bildung und Forschung (BMBF), der Deutschen Telekom AG, der Brigitte und der Bundesanstalt für Arbeit in knapp 2,5 Jahren über 14 Millionen Zugriffe. Der neu ins Leben gerufene „Girls' Day“, eine Gemeinschaftsaktion von BMBF, des Bundesministeriums für Familie, Senioren, Frauen und Jugend (BMFSFJ), der Bundesvereinigung der Arbeitgeberverbände, der Initiative D21, des Deutschen Gewerkschaftsbundes und der Bundesanstalt für Arbeit, um junge Frauen über Unternehmensbesuche eine breitere Berufsorientierung zu vermitteln, hat allein im Monat März 2002 4,2 Millionen Zugriffe auf die äußerst erfolgreiche Website[5].

## 2. Unterschiede in der Nutzung

Bei einer Betrachtung der jeweiligen gesellschaftlichen Gruppen hat es lt. Monitoringbericht sowohl bei den Frauen wie auch bei den Männern in Deutschland einen deutlichen Anstieg gegeben. Allerdings ist der Unterschied zwischen den Geschlechtern zwischen 1999 und 2001 von 14 Prozent

3 Bernd Zimmermann, der seit 1999 unter www.www-kurs.de einen vielfach gelobten, kostenlosen Internetkurs anbietet, hat zum Thema Frauen, Männer, Kinder und vieles andere mehr einige noch unentdeckte „Juwelen“ des Internets aufgeführt.

4 Carola Enning (www.hausfrauenseite.de): 5 Jahre Hausfrauenseite: Bringen Zielgruppenangebote neue Nutzerinnen ins Internet? In: Forum Informationsgesellschaft (2001): Die Hälfte des Himmels oder das ganze Netz? – Frauen im Internet“, Dokumentation des Offenen Workshops am 20. September 2001 im Rahmen des Internationalen Kongresses „Internet für Alle – Chancengleichheit im Netz“ von BMWi und Burda Akademie.

5 Website unter www.girls-day.de.

auf 17 Prozent angestiegen. Männer haben also einen deutlich höheren Zuwachs zu verzeichnen gehabt als Frauen.

Internet-Nutzer-Demographie in Prozent der Gesamtbevölkerung 1999 – 2001

| Deutschland | 12/1999 | 12/2000 | 12/2001 |
|---|---|---|---|
| Männer | 34 | 47 | 57 |
| Frauen | 20 | 31 | 40 |

*Quelle*: NFO Infratest, Monitoring Informationswirtschaft, März 2002

Innerhalb der männlichen Gesamtbevölkerung in Deutschland nutzen somit 57% das Internet, innerhalb der weiblichen Gesamtbevölkerung nur 40%. Auf den Unterschied bei der privaten Nutzung verweist der „Verweigereratlas" von TNS Emnid, der im Mai 2001 in Zusammenarbeit mit der Initiative D21 erstellt wurde[6]. Demnach sind sogenannte „Offliner" besonders häufig unter Frauen und Personen über 50 Jahren zu finden, aber auch Bildung und Einkommen spielen eine erhebliche Rolle bei der Frage, ob das Internet privat genutzt wird.

Der digitale Graben geht quer durch die formal besser Gebildeten, quer durch Personen mit gutem Einkommen und quer durch die Generationen. Dies lässt darauf schließen, dass insgesamt ein großer Teil der deutschen Bevölkerung den privaten Zugang nicht nutzen will oder kann. Beides trifft auf Frauen in erheblichem Umfang zu.

Eine weitere Ungleichverteilung existiert auch zwischen Ost- und Westdeutschland in der Internetnutzung durch die Bevölkerung. Die Bewohner der östlichen Länder liegen deutlich unter dem bundesweiten Durchschnitt, auch innerhalb der Gruppe der Ostländer gibt es noch erhebliche Unterschiede[7]. Für viele Alleinerziehende mit Kindern, aber auch für Familien geringeren Einkommens sind die Anschaffungen für einen privaten Zugang nicht erschwinglich. Öffentliche Zugänge sind für die Zielgruppe in zu geringer Zahl vorhanden oder verfügen über ein wenig zielgruppengerechtes Umfeld. Darüber hinaus sind Computer und Internetzugang im Osten viel stärker als im Westen eine Form von „Luxus", die viele sich auch nicht leisten wollen. Es zeichnen sich allerdings deutliche Veränderungen ab: Ostdeutsche Unternehmen haben lt. der Untersuchung von NFO infratest seit 1999 bis zum Jahr 2001 im Online-Vertrieb verglichen mit westdeutschen Unternehmen fast gleichgezogen, in der Online-Beschaffung haben sie die westdeutschen Unternehmen bereits um 4% übertroffen.

---

6 TNS Emnid: Der Verweigereratlas – Basiserhebung. Eine Untersuchung von eMind@emnid in Zusammenarbeit mit der Initiative D21, Mai 2001.

7 So weist NFO Infratest Incom, 2001, einen Bundesdurchschnitt in der Internetnutzung von 46,6% aus. Das Bundesland Brandenburg liegt bei 42,7%, das Land Sachsen-Anhalt liegt bei 37,4%.

Wie kommt es zu diesen Unterschieden in der kommerziellen und privaten Nutzung, wo können die Gründe liegen?

## 3. Einige Ursachen

Ein Blick auf aktuelle technische Zeitschriften und Newsletter gibt konkrete Hinweise auf Handlungsfelder. Die VDI-Nachrichten zitieren eine Studie[8], die zeigt, wie weit die Träume der Technikentwickler (der Kühlschrank-Check per Handy) von den Interessen der immer mehr anwachsenden älteren Bevölkerungsanteile in Deutschland abweichen. Die sogenannten „Best-Agers", unter ihnen ein erheblicher Anteil von Frauen, sind danach durchaus an Hightech interessiert, sie verlangen aber alltagserleichternde, bedienungsfreundliche und fehlertolerante IT-Produkte. Ihre Probleme sind viel greifbarer: es sind zu kleine Tasten, eine schlechte Menüführung, eine Anleitung, zu der grundsätzlich eine „Übersetzerin" erforderlich ist, und Plug-and-Play-Geräte, die nach dem „pluggen" nicht „playen". Aber nicht nur die Qualität der Produkte spielt eine wesentliche Rolle für die Akzeptanz in der Bevölkerung, sondern auch der konkrete Nutzen im Alltag, die Sicherheit und Verlässlichkeit in der Anwendung. Nachrichten wie „Wer nicht aufpasst, surft sich arm[9]" verunsichern insbesondere diejenigen, die der neuen Technik mit Skepsis gegenüber stehen, ihre Prinzipien nicht verstehen und sie aufgrund ihrer Ausbildung, ihres Alters und/oder persönlichen Ferne nicht verstehen wollen oder können.

Eine qualitativ bessere Bedienung der Anwenderinnen und Anwender könnte für Unternehmen durchaus Wettbewerbsvorteile bringen. Immerhin ist heute jede(r) vierte Deutsche über 50, wie die VDI-Nachrichten beschreiben. Im Jahr 2030 werden sie 35 Prozent der Bevölkerung ausmachen, mehr als die Hälfte davon sind Frauen. Sie werden zukünftig vermehrt eine Gruppe einkommensstarker Verbraucherinnen sein, die immer mehr für die Verwaltung des eigenen und des familiären Einkommens zuständig werden. Wenn es sich bei den älteren Deutschen auch keineswegs um eine einheitliche Gruppe handelt, werden sie als Konsumentinnen von IT-Technik immer interessanter.

Zwar hat die Wirtschaft, insbesondere bei den global agierenden Unternehmen, bereits die Notwendigkeit erkannt, das Prinzip der Vielfalt (Diversity) in die Personalentwicklung in der Technik aufzunehmen, die Entwicklung und technische Gestaltung von IuK-Produkten ist aber weitgehend „pale

8 Helene Conrady: Simsen mit Oma und Opa. VDI-N, Nr. 17 vom 26. April 2004.
9 RP-Online: Wer nicht aufpasst, surft sich arm. Auf der Website www.rp-online.de, unter Multimedia Online vom 22. April 2004

und male" geblieben, zumeist „pale, young and male". IT-Produktvisionen und Entwicklungen entstehen in den USA und Westeuropa zumeist auf dem spezifischen technischen Erfahrungshintergrund, den gesellschaftlichen Einstellungen und dem Interessensspektrum von weißen, jungen Männern, zumeist aus der Mittelklasse.

Internationale Unternehmen wie Siemens, Daimler Chrysler, Ford und andere haben inzwischen die Chancengleichheit für Frauen und Männer, für ethnische Bevölkerungsgruppen, unterschiedliche Altersgruppen oder Religionen zu einem der wesentlichen Unternehmensleitbilder erhoben. Dazu beispielhaft ein Auszug aus solchen Unternehmensleitsätzen:

Aus: Leitsätze für Promoting und Managing Diversity, Siemens AG[10]

> Diversity ist eine unschätzbare Quelle für Talent, Kreativität und Erfahrung. Sie umfasst die Vielfalt der unterschiedlichen Kulturen, Religionen, Nationalitäten, Hautfarben, ethnischen und gesellschaftlichen Gruppen, der beiden Geschlechter und der Altersgruppen – also alles das, was jeden von uns in der Gesellschaft einzigartig und unverwechselbar macht.
> [...]
> Diversity erweitert das Potenzial für Ideen und Innovation und verbessert damit unsere Wettbewerbsfähigkeit. Vielfältig zusammengesetzte Teams, die Probleme aus unterschiedlichen Perspektiven angehen, erreichen eine höhere Produktivität und bessere Lösungen. Das Potenzial von Diversity bringt uns nicht nur im globalen Zusammenhang voran, sondern auch in den einzelnen Ländern, Betrieben und Teams, und zwar auf allen Ebenen.

Die starke Präsenz von vornehmlich männlichen Entwicklern, die in größerer Zahl zu der Gruppe der „early adopters" des Internets und der IuK-Technologien gehören, während sich ein großer Prozentsatz von Frauen diese Technik erst später erschlossen hat, hat die Art und Weise geprägt, wie IT-Technik aufgebaut und strukturiert ist. Dies soll die zunehmende Zahl weiblicher IT-Visionärinnen und Entwicklerinnen nicht verkennen. Die derzeitige Ausrichtung der Inhalte, vieler strukturierender Angebote, von Soft- und Hardware entspricht eher dem Lebensgefühl und der Wahrnehmung von technikinteressierten, manchmal auch technikverliebten Männern (und wenigen ähnlich denkenden Frauen) als der großen Gruppe der zeitlich stark belasteten und an anderen Vorgehensweisen interessierten Frauen. Vielfach gar nicht zur Kenntnis genommen wird die Gruppe von wenig technikverliebten Männern, die einfach nur wollen, dass die gekaufte Technik funktioniert, ohne sie erweitern, verbessern, verschnellern oder austauschen zu wollen. Zahlreiche

---

10 Siemens AG: Leitsätze für Promoting und Managing Diversity (Vielfalt fördern und praktisch umsetzen), München, Stand: Mai 2001.

frustrierende Erlebnisse von Ingenieurinnen, die in Technikhäusern als begriffsstutzige Neulinge behandelt wurden, und von technikdesinteressierten mittelständischen Unternehmern, denen die technischen Fachbegriffe nur so um die Ohren flogen, zeigen im täglichen Leben nach wie vor, wie stark mit Kompetenzzuweisungen an das eine und Defizitzuweisungen an das andere Geschlecht gearbeitet wird.

Es zeigt sich, dass sich Probleme in der Überwindung von starren Denkmustern auftun, selbst wenn sie sich als verkaufshinderlich erweisen und ökonomisch von Nachteil sind. Bis heute werden unzählige Websites und Internetanwendungen in ihrem Design, ihrer Konstruktion, ihrem thematischen Aufbau und ihrer Handhabung weniger von gemischten Teams als von einer Gruppe ähnlich strukturierter und interessierter männlicher Entwickler gestaltet. Damit werden die Interessen, Vorlieben und Ängste potenzieller Kundinnen und Kunden gar nicht erst zum Thema gemacht und wirken sich nachteilig auf die Akzeptanz und die Nutzung von IuK-Anwendungen außerhalb der schulischen und beruflichen Sphäre aus. Nicht nur die ökonomischen Belange sind betroffen, auch Beteiligungschancen innerhalb der Gesellschaft werden nachhaltig berührt, wenn Technologien, die für „alle“ entwickelt wurden („Internet für Alle“) von großen gesellschaftlichen Gruppen nicht genutzt werden oder genutzt werden können.

## 4. Beispiel eGovernment

Ein Beispiel zeigt sich in der internationalen Benchmarking-Studie zu Government Online[11] vom November 2001, in der untersucht wird, wie stark die Bevölkerung bereits Internetangebote von Banken oder von Bundes-, Länder- oder kommunalen Verwaltungen annimmt – also Informationen auf den Verwaltungsseiten sucht, Formulare oder Dokumente herunterlädt bzw. selbst an die Verwaltung via Internet verschickt. Es zeigt sich, dass ein erheblicher Teil der Bevölkerung (64% der Erwachsenen) aller 26 untersuchten Länder Bedenken zur Sicherheit der vorgenommenen Transaktionen hat, und diese besonders, wenn sie mit der Preisgabe persönlicher Informationen über den Umfang des Gehalts oder der Nummer des Bankkontos verbunden ist. Dies kann, muss aber nicht eine Barriere für die Internetnutzung sein. Zu den Ländern mit dem höchsten Anteil an Personen mit Sicherheitsbedenken beim Austausch persönlicher Daten mit Behörden gehören Deutschland (85%), Japan (84%), Frankreich (84%) und die USA (72%). Zusätzlich ist zu sehen, dass die größten Bedenken bei der Gruppe der Frauen und der Gruppe der 25

11 Taylor Nelson Sofres (TNS): Government Online – an international perspective. 2001 Benchmarking Research Study, November 2001.

bis 44 Jährigen bestehen. In Deutschland sind die Unterschiede zwischen den Geschlechtern bei der Nutzung von eGovernment erheblich: 24% der Männer und nur 10% der Frauen nutzen die Vorteile der elektronischen Verwaltungsdienste und – angebote.

Konsequenterweise entwickeln immer mehr Bundesländer neben den Landesportalen sogenannte Frauenportale oder Frauenserver, die einerseits die Vernetzung untereinander stärken sollen, andererseits gerade eher ungeübten Nutzerinnen mit geringem Zeitbudget ein zielgruppengerechtes Angebot, häufig auch Übungs- oder Trainingsmöglichkeiten bieten. Solche zusätzlichen Angebote müssten nicht entwickelt werden, wenn beispielsweise bei der Einrichtung der Länderportale, der kommunalen Websites und der eGovernment-Lösungen von vornherein gezielt *Gender-Prüfsteine* einbezogen würden.

Die Europäische Kommission und das Europäische Parlament haben bereits in vielen Bereichen ein Verfahren eingeführt, das Männern wie Frauen bei der Entwicklung politischer Vorhaben, Programme oder Projekte eine neue Denkweise ermöglichen soll. Dieses ebenso einfache wie zukunftsweisende Prinzip, das sog. „Gender-Mainstreaming", tut sich ganz besonders schwer, Eingang in die Köpfe von Frauen und Männern zu finden, die diese Informationsgesellschaft gestalten sollen und wollen. Schwierig wird es schon deshalb, weil es scheinbar keinen passenden deutschen Begriff für dieses Prinzip gibt. Bei eEurope, eGovernment und eDemocracy (auch nicht gerade urdeutsche Begriffe) scheint die Übertragung auf politisches Handeln sehr viel leichter zu fallen.

Dabei ist es ganz unproblematisch. Es geht darum, wie die Generaldirektion für Beschäftigung und soziale Angelegenheiten der Europäischen Kommission feststellt[12], bei allen allgemeinen politischen Planungen und Konzepten von vornherein zu überlegen, wie sich diese auf Frauen und Männer in unserer Gesellschaft auswirken können. Ziel ist es, mit Hilfe dieser neuen Strategie, Chancengleichheit für Frauen und Männer in unserer Gesellschaft herzustellen, aber auch die Qualität der Programme und Projekte deutlich zu verbessern.

Unsere österreichischen Nachbarn haben dies schon akkurat umgesetzt und für alle Interessierten eine „Toolbox" zum Download aus dem Internet erstellt[13], die für Entscheider auf jeglicher Ebene genau so hilfreiche Richtlinien enthält, wie für Projektträger, Projektdurchführende, Entwickler und Gestalter. Die Bundesregierung hat im April 2002 mit dem Gender-Mainstreaming-Net[14] ein weiteres Angebot geschaffen, das europäische Best-Practice enthält und mit zahlreichen Handreichungen die Einführung eines Gender-Mainstreaming-Prozesses erleichtert.

---

12 Die Internetseiten der Europäischen Kommission geben hierzu zahlreiche Hinweise: http://europa.eu.int/comm/employment_social/equ_opp/gms_de.html.

13 Die österreichische Koordinationsstelle für Gender-Mainstreaming im Europäischen Sozialfonds http://www.gem.or.at/de/index.htm.

14 http://www.gender-mainstreaming.net/frameset/index.jsp

So gehörte beispielsweise in das eGovernment Handbuch des BSI[15] „Chefsache eGovernment“ unbedingt von vornherein die Beachtung von „Gendertools“, denn wie an den Studien zu sehen ist, gibt es gerade für Frauen erhebliche Barrieren bei der aktiven Nutzung der zahlreichen elektronischen Verwaltungsmaßnahmen, die eigentlich – gerade auch dieser Gruppe – das Leben erleichtern und vereinfachen sollen. Ein paralleler Blick der „Chefs“ auf die Kundinnen und Kunden des Verwaltungshandelns würde ein zielgruppengerechteres Angebot ermöglichen und die Zahl der Nutzer beiden Geschlechts deutlich voran bringen. Aber auch für die verwaltungsinterne Kommunikation und Zusammenarbeit ist das Einsetzen dieser Tools, das Wissen um unterschiedliches Herangehen an Technik, um unterschiedliche Stärken und Schwächen ein erheblicher Qualitätsaspekt, der die Leistung, Nachhaltigkeit und die Zufriedenheit der eGovernment-Nutzergruppen besonders positiv beeinflussen kann. Ähnlich wie bei dem „Diversity-Konzept“ der Unternehmen gehört zum Genderprozess die Einbeziehung der „Kundinnen“ der Maßnahmen in die Gruppe der Entwickler, das Projektteam und in die Prozessbegleitung. Die Expertinnengruppe Frauen des Forums Informationsgesellschaft[16] hat bereits exemplarisch ein Gender-Monitoring für das Aktionsprogramm „Innovation und Arbeitsplätze in der Informationsgesellschaft“ der Bundesregierung[17] entwickelt, um zu dokumentieren, wie ein solches Tool aussehen kann.

Auch für eGovernment gilt: Es gibt nicht *den* Kunden, sondern Kundinnen und Kunden unterschiedlichen Alters, unterschiedlicher Herkunft, Sprache und Medienkompetenz. Es gilt, diese Nutzergruppen des Verwaltungshandelns zu erforschen, einzubeziehen, in ihrer Entwicklung zu begleiten, das Angebot kontinuierlich zu optimieren und zielgruppenspezifische Barrieren durch intelligente und kreative Maßnahmen abzubauen. Die konsequente Einbeziehung des Genderaspekts ist ein wichtiges Mittel, um Deutschland von seinem Platz im internationalen Mittelfeld von eGovernment[18] an die internationale Spitze zu bringen. „Wir brauchen Veränderungen nicht nur in der Technik, sondern auch in den Köpfen“, so lautet ein Zitat von Brigitte Zypries, Staatssekretärin im Bundesministerium des Innern, im Leitfaden für Behördenleiter. Die notwendige Veränderung könnte auf allen Seiten noch etwas umfangreicher sein, als dies die Handbücher derzeit vorsehen.

---

15 Bundesamt für Sicherheit in der Informationstechnik (BSI): Chefsache eGovernment – Leitfaden für Behördenleiter, Bonn 2002 (www.e-government-handbuch.de).

16 Forum Informationsgesellschaft beim Bundesministerium für Wirtschaft und Technologie, im Internet unter www.forum-informationsgesellschaft.de.

17 BMWi/BMBF (Hrsg.): Innovation und Arbeitsplätze in der Informationsgesellschaft des 21. Jahrhunderts. Aktionsprogramm der Bundesregierung. Bonn, 1999.

18 Deutschland liegt lt. der Government-Benchmarking-Studie von TNS vom November 2001 auf Platz 13 von 26 untersuchten Ländern.

# Die Zukunft in der Wissens- und Informationsgesellschaft

*Holger Bill*

# „Game over" oder Halbzeit?

Die immer noch aufregende Geschichte des eCommerce.

## 1. Der Hype und was danach kam

### 1.1 Jeder ist ein Anleger!

Sparbuch, Bundesschatzbrief und Prämiensparen waren bis in die neunziger Jahre die bevorzugte Anlageform der bundesdeutschen Sparer. Sicher, risikolos und auf Dauer angelegt – das waren die wichtigsten Kriterien für die Geldanlage. Das änderte sich schlagartig mit der Entdeckung des bis dato hauptsächlich durch die scientific community und das Militär genutzten Internets als Handelsplatz. Internet-Shops wie pets.com, boo.gigabell.com oder etoys.com versprachen mächtigen Investoren und Kleinanlegern beim Erwerb ihrer Aktien das große Geld – und das vor allem schnell. Das virtuelle Modehauses boo.com etwa sammelte für seinen Online-Designermodeverkauf über 135 Millionen $ Startkapital. Die ersten Erfolge waren in der Tat enorm: Allein der Neue Markt wuchs seit seiner Gründung im März 1997 bis zur Spitze des Booms im März 2000 von zwei Unternehmen mit zusammen 370 Millionen Euro Marktkapitalisierung auf über 220 Firmen mit einer Gesamtbewertung von 230 Milliarden Euro.

Auf einmal schienen die Gesetze der ökonomischen Welt außer Kraft gesetzt: Geschäftsmodelle waren wichtiger als tragfähige Strategien, die Marktkapitalisierung eines Unternehmens interessanter als die erwirtschafteten Gewinne und neue ökonomische Indikatoren wie etwa die „cash burn ratio" wurden geboren. Viele der jungen dynamischen Firmen wurden von Mitte-20-Jährigen geführt, die in von Unternehmen und Regierungen hochsubventionierten Inkubationszentren ihre maßgeschneiderten Business-Pläne umzusetzen suchten. Arbeitzeiten unter 14 Stunden galten hier als unschick, in vielen Städten machten Pizzalieferdienste vor allem nachts das Geschäft ihres Lebens und Investmentbanker füllten Züge und Flugzeuge auf der Suche nach der neuesten Geschäftsidee und dem smartesten Jungunternehmer. Jeder wurde ein Anleger und ein Investor – Dynamik, Wachstum und den Gewinnchancen schienen keine Grenzen gesetzt. Nach dem Motto „1000 flies can't be wrong" sprangen die Unternehmen der nunmehr sogenannten Old Economy auf den rasant fahrenden Zug auf, besetzten die neuen Geschäftsfelder, etablierten Vertriebskanäle über das Web und notierten ihre Firmen an den Börsen. An den großen Werbekampagnen wie etwa die der Deutschen Telekom und Infineon zu den jeweiligen Börsengängen kam kaum jemand vorbei, und man galt in der Universität, am Arbeitsplatz und beim abendlichen Bier als verstaubt, wenn man nicht anlegte.

Als die Siemens-Tochter Anfang 2000 an die Börse ging, stand das Land Kopf. Viele Banken verstärkten ihre Kundenberatungsstellen und Call Center personell, um dem Ansturm kaufwütiger Groß- und Kleinanleger Herr zu werden. Die Kursentwicklung zeigt, dass noch im selben Jahr der Höhepunkt überschritten und die Gewinnerwartungen begraben werden mussten. Wenig später standen die ersten Entlassungen bei dem Halbleiterproduzenten an.

Ähnlich ging es beim dritten Börsengang der deutschen Telekom her. Manfred Krug formte unermüdlich zur besten Sendezeit ein T aus seinen Händen und die Kleinanleger zeichneten in Scharen. Unmittelbar nach dem Börsenstart Mitte 2000 setzte die rasante Talfahrt der Aktie ein. Die Erwartungen an das Wachstum gerade im Telekommunikationssektor blieben unerfüllt.

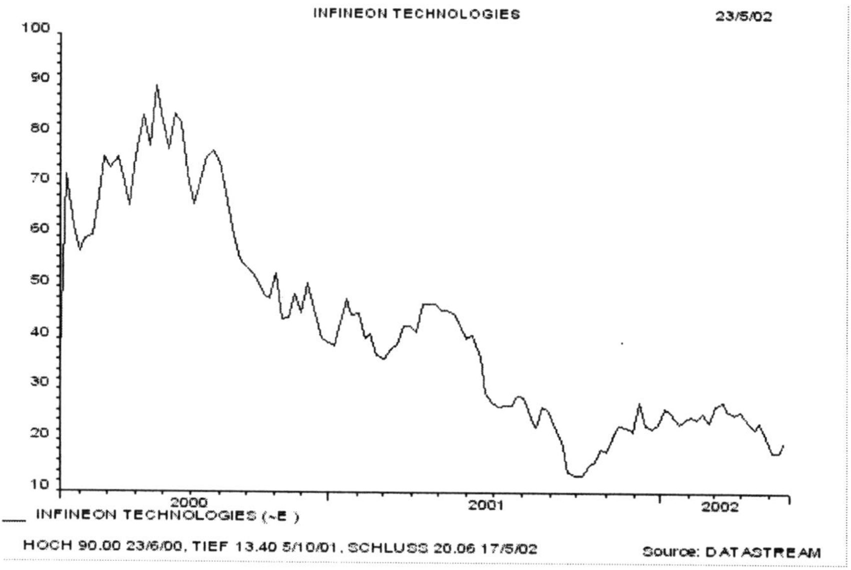


*Abb.1:* Kursentwicklung Infineon

*Abb. 2:* Kursentwicklung Telekom

## 1.2 Der Tag danach

Boo.com machte den Anfang. Im Mai 2000 schloss das Designermodehaus seine virtuellen Pforten – von den insgesamt 135 Millionen $ Startkapital waren nur noch 500.000 $ übrig. Unzählige folgten auf dem Fuße. Beautyjungle.com, clickfish.com, Kabel New Media, um nur einige unter vielen zu nennen. Auf der auf www.dotcomfailures.com angelegten „Todesliste" ließ sich der Niedergang der eEconomy in Echtzeit verfolgen. Pink Slip Parties wurden geboren, auf denen entlassene Mitarbeiter Leidensgenossen und vielleicht auch einen neuen Job suchten. Psychologen wurden mit einem neuen Massensymptom konfrontiert: Menschen, die bis dato bis an den Rand der Erschöpfung an ihrem persönlichen Projekt Zukunft gearbeitet hatten und nun nicht mehr wussten, wohin mit sich. Alte Industrieunternehmen hatten in der Annahme, dass das Internet der wichtigste Vertriebskanal würde, in großem Stile investiert. Es stellte sich jedoch schnell heraus, das die Konsumenten das Internet weit weniger zum Einkauf nutzen als angenommen. Zwar erzeugte das Web eine nie gekannte Preistransparenz, wirklich Geld verdienen ließ sich aber mit den Online-Shops für Tierfutter, Kleidung oder Kosmetikartikeln nicht. Deren Kurse reflektierten kaum noch den Unternehmenswert nach traditionellen Bewertungsmethoden und gerieten oft geradezu in einen spekulativen Strudel. Die Situation blieb so lange stabil, wie die überhöhten Gewinnerwartungen erfüllt blieben und somit genügend Käufer bereit waren, die Aktie zu einem hohen Preis zu erwerben. Sobald die ersten schlechten Nachrichten eintrafen, geriet der Markt ins Wanken.

Allein in Deutschland meldeten nach Angaben des Statistischen Bundesamtes 32.200 Unternehmen in 2001 Insolvenz an. Die Pleite und Entlassungswelle machte vor keinem Unternehmen halt, große Unternehmen wie Siemens, Bayer, MAN, Springer, die Deutsche sowie die Dresdner Bank entließen tausende von Mitarbeitern auf einen Schlag. Von Entlassungen war freilich kaum die Rede, eher von einer natürlichen Fluktuation, Aufhebungsverträgen, Stellenabbau, Marktanpassung oder Einstellungsstop. Die eEconomy wurde für tot erklärt, die Blase war geplatzt, der Traum ausgeträumt.

## 2. Der Blick zurück... Hype, Crash, Baisse

Ein Blick zurück macht deutlich, dass Börsenhypes im 20. Jahrhundert ein durchaus bekanntes Phänomen darstellen, die wiederkehrende strukturelle, kulturelle und psychologische Bedingungen beinhalten und sich in der Regel parallel zu technologischen Neuerungen entwickeln. Der erste Hype fand von 1901 bis 1907 statt: Eisenbahn, Elektrifizierung, Telegrafen und die ersten Vorstellungen über Computer lösten eine Fortschrittszuversicht aus, an der man über den Erwerb von Aktien teilhaben wollte. In der Industrie fanden parallel enorme Konzentrationsprozesse statt. Durch den Sherman-Anti-Trust Act wurde dem Ganzen ein Ende gemacht. Der zweite Hype im letzten Jahrhundert fand in den „Roaring Twenties“ statt, im Zeitalter des Fordismus, der wachsenden Bedeutung wissenschaftlicher Methoden sowie der Entstehung neuer Finanzierungsmodelle. Privathaushalte wurden ans Stromnetz angeschlossen und nationale Radiostationen schossen wie Pilze aus dem Boden: eine neue Ära war angebrochen. Leider erfüllten sich die hohen Erwartungen nicht, der Börsencrash von 1929 hatte Folgen in der ganzen Welt. Im Anschluss an den zweiten Weltkrieg und den Koreakrieg machte sich neue Hoffnungen breit. Neue Technologien wie das Fernsehen, der Personenflugverkehr und die entstehende Raumfahrt unterstützten den Zukunftsglauben, der 1966 durch Vietnam und die Ölkrise zerstört wurde. Im Jahre 1997 waren die explosiv wachsende Nutzung des Internets und die in die Informations- und Kommunikationstechnologie gesetzten Hoffnungen die Ursache für uneingeschränkte Fortschritts- und Wachstumseuphorie, die alle Börsenhypes im zwanzigsten Jahrhundert ausgelöst hat.

*Abb. 3:* S&P Composite Price Index / S&P Composite Earnings Index, inflation-adjusted, monthly (Quelle: Accenture Berechnungen Strategic Research, Daniel Huedig)

Diese Beispiele zeigen auch, dass die wahre Bedeutung neuer Entwicklungen und Technologien erst lange nach ihrer Entstehung deutlich wird. Ob Eisenbahn, Fernsehen oder eben heute das Internet: Erst wenn wir das heute Neue selbstverständlich in alle Lebensbereiche integriert haben, wird seine soziale und ökonomische Tragweite erkennbar.

## 3. Potenzial ohne Spektakel – Die unentdeckte Seite des eCommerce

In einer Untersuchung wurden im Sommer 2001 insgesamt 840 Führungskräfte weltweit befragt[1], wie sie die Zukunft des eCommerce einschätzen. Es wurde vor allem eines deutlich: eCommerce ist nicht tot, sondern gehört mittlerweile zum Tagesgeschäft. Unsere Gesprächspartner waren sich einig:

1 Accenture (Hrsg.): Potential ohne Spektakel. Die unentdeckte Seite des eCommerce, Berlin: Eigenverlag, 2001

der durch eCommerce initiierte Wandel steht erst am Anfang. Das Internet ist der wichtigste Wachstumsmotor unserer Zeit und bietet nie da gewesene Chancen – allerdings ohne Netz und doppelten Boden.

Die großen Verluste liefen vor allem im B2C-Bereich auf, in den in der dynamischen und aufregenden Gründerzeit in großem Stil investiert wurde. Wenig überzeugende Geschäftsmodelle, eine dünne Liquiditätsdecke oder schlicht und ergreifend ein schlechtes Management führten hier zu einem rasanten Abstieg. Nichtsdestotrotz sind auch die B2C Märkte noch längst nicht völlig erschlossen, das Scheitern hier ist eher die Folge eines zu rasanten Frühstarts – eben genau das Gegenteil des vielbeschworenen First-Mover-Advantage. In den vergangenen Jahren galt es für Unternehmer vor allem Erster zu sein, um sich einen Wettbewerbsvorteil zu verschaffen. Heute werden internetbasierte Technologien zur Unterstützung langfristiger Unternehmensstrategien integriert und zwar mit einer zeitlichen Komponente, die ein Überdenken ermöglicht.

Während zu Beginn des Hypes Geschäftsmodelle, Marketing und Vertrieb im Zentrum der unternehmerischen Aufmerksamkeit standen, werden nunmehr die Potenziale der webbasierten Optimierung wie Beschaffung, Logistik und Human Ressources erkannt. Tatsächlich sind die geplanten Investitionen im eCommerce nicht gesunken, sondern gestiegen: Die von uns befragten europäischen Unternehmer gaben an, in 2002 durchschnittlich fünfzehn Prozent mehr zu investieren als im Vorjahr. Der überwiegende Teil der Investitionen dient dabei der Effizienzsteigerung der Back-Office-Funktionen. Die Integration von eCommerce in die Unternehmen lässt bereits netzwerkartige Formen von Geschäftsorganisationen erkennen. Es wird deutlich, dass eCommerce zu intensiverer Zusammenarbeit mit anderen Unternehmen, Allianzen und verstärktem Outsourcing führen wird. Unternehmen können nicht nur völlig neue Dienstleistungen anbieten, sondern auch das im Unternehmen vorhandene Wissen erheblich besser nutzen sowie ihre Kundenbeziehungen entscheidend verbessern. Es zeichnet sich ab, dass insbesondere größere Unternehmen von den Vorteilen des eCommerce profitieren werden. Im Marketing, Branding und bei Software-Investitionen können diese Unternehmen beträchtliche Größenvorteile erzielen. Durch die Steigerung von Effizienz und Flexibilität können sie einige der klassischen Nachteile von Großunternehmen kompensieren.

## 4. What's next? „Old", „New" oder „True Economy"?

Die derzeitige Ernüchterung ist durchaus produktiv; wirklich tragfähige Geschäftsmodelle werden selektiert, mittel- und langfristige Unternehmensziele werden vor der Investition in neue Produkte oder Dienstleistungen definiert.

Diese Entwicklung stellt einen normalen Vorgang in wettbewerbsintensiven Märkten dar und macht deutlich, das viel eher von einem Bedeutungszuwachs des eCommerce auszugehen ist – wobei die makroökonomische Bedeutung des eCommerce nach wie vor unklar ist. eCommerce kann sowohl ein Vertriebskanal, ein Geschäftsmodell oder schlicht eine Technologie sein. Deutlich aber ist: Die Konzepte der sogenannten Old Economy sind nicht außer Kraft gesetzt.

Analysten gehen von einem Wachstum im eCommerce-Markt aus, auf dem im Jahr 2000 über sechzehn Millionen € umgesetzt wurden. Das größte Wachstum findet im B2B-Markt statt, im B2C-Bereich ist dieses eher selektiv. Nach wie vor werden vorrangig Bücher und CDs eingekauft, auch Online-Bankkonten erfreuen sich steigender Beliebtheit. Doch nicht nur die Geschäftswelt wird sich nachhaltig durch den Kanal Internet verändern.

In der politischen Welt ermöglichen internetbasierte Technologien die Optimierung staatlicher Dienstleistungen und neue Formen zivilgesellschaftlicher Partizipation. Unter dem Stichwort eGovernment werden seit Ende der neunziger Jahre die im Internet liegenden Potenziale zur Optimierung von Verwaltungsabläufen der öffentlichen Hand diskutiert. Durch die Beschleunigung der Transaktionen zwischen Bürgern, Unternehmen und Verwaltungsstellen sollen Kostenreduzierungen und Serviceverbesserungen erreicht werden. Auch die Anwendung von eCommerce-Modellen auf das Beschaffungswesen öffentlicher Stellen, den Zahlungsverkehr sowie das Rechnungs- und Berichtswesen dient diesen Zielen. Darüber hinaus können Demokratisierungsprozesse beschleunigt oder neu gestaltet werden. Noch allerdings ist die politische Online-Welt in Deutschland vor allem ein Spiegel der Offlinewelt. Die im Internet liegenden Potenziale zur Kommunikation und Interaktion werden nur von wenigen Akteuren genutzt. Viele, insbesondere traditionelle politische Akteure nutzen das Netz noch in geringem Maße, um bisher unerreichte Gruppen anzusprechen. Dennoch finden überall Entwicklungen statt, nur nicht in der ursprünglich angenommenen Geschwindigkeit. Die entstehende Netzwelt ist überall deutlich: Vive l'evolution!

*Gerd Tenzer*

# Die New Economy und ihre Innovationspotenziale

## 1. Einleitung

Die New Economy ist in aller Munde. Kein Tag vergeht, der nicht über Unternehmen der New Economy berichtet. Aber: Besteht überhaupt Einigkeit darüber, wovon wir sprechen? Was ist mit dem Begriff „New Economy" gemeint?

Häufig wird der Begriff „New Economy" als Synonym für den Hochtechnologiesektor oder die Börsen-Performance von Internetfirmen verwandt. In einer weiter gefassten Definition wird generell von der Informationsgesellschaft als der New Economy gesprochen.

Ökonomen schließlich verstehen unter der New Economy die Produktivitäts- und Wachstumssteigerungen, die vor allem durch den Fortschritt in der Informations- und Kommunikationstechnik (IuK) möglich wurden[1]. Über diesen Transmissionsriemen kommt es danach zu einem dauerhaft dynamischeren Wachstum des Produktionspotenzials. Die gesamtwirtschaftliche Produktion und Beschäftigung steigen zügig und anhaltend, ohne dass es zu einem nennenswerten Inflationsdruck kommt. Beispielhaft hierfür steht der Boom der US-Wirtschaft in den vergangenen Jahren.

Die New Economy ist mittlerweile durch den gesteigerten Einsatz des Internets als Querschnittstechnologie in der gesamten Wirtschaft über ihren Status als innovative Start-up-Branche hinausgewachsen. Diese Beobachtung gilt unabhängig von dem Rückgang der Bewertungen an den Technologiebörsen. Vielmehr hat sich zwischenzeitlich die Überhitzung der Gründerphase abgebaut und es konnte eine Konsolidierung der am Neuen Markt notierten IuK-Unternehmen eingeleitet werden. Die New Economy hat sich als dynamischer Motor eines strukturellen Wandels der gesamten Wirtschaft etabliert.[2] Denn Wachstumsimpulse und innovative Arbeitsplätze entstehen so-

---

1 Iwd, Informationsdienst des Instituts der deutschen Wirtschaft, Ausgabe Nr. 15, Köln, 12.04.2001

2 Bundesministerium für Wirtschaft und Technologie (BMWi) und Bundesministerium für Bildung und Forschung (BMBF), Hrsg.: Informationsgesellschaft Deutschland: „Innovation und Arbeitsplätze in der Informationsgesellschaft des 21. Jahrhunderts",

wohl in den neuen Unternehmen der IuK-Branche als auch in den E-Business Abteilungen der Old-Economy Firmen.

Zweckmäßigerweise sind daher alle diejenigen Branchen zur New Economy zu zählen, die eng mit dem Informations- und Kommunikationstechnik-Sektor verbunden sind. Dazu gehören nach dem Mikrozensus des Statistischen Bundesamtes neben den Telekommunikationsdienstleistern die Bereiche Datenverarbeitung und Datenbanken, Fernmeldedienste, Herstellung von elektronischen Bauteilen, Büromaschinen und DV-Geräten, Mess- und Kontrolltechnik, Nachrichtentechnik, Audio- und Videotechnik und industrieller Steuerungsanlagen. In allen diesen Branchen waren 1999 knapp eine Million Erwerbstätige beschäftigt, dies waren 2,7 Prozent aller Beschäftigten. Will man auch diejenigen Beschäftigten erfassen, die im Electronic Business tätig sind, so erhöht sich die Quote der in der New Economy Tätigen nach dem European Information Technology Observatory, einem jährlichen Bericht über die europäische Informationswirtschaft, auf 6,0 Prozent aller Arbeitskräfte (rund 2,3 Millionen Erwerbstätige)[3].

## 2. Informations- und Kommunikationstechnologie als Rückgrat der Wirtschaft

Eine derart verstandene New Economy birgt große Innovationspotenziale für Wirtschaft und Gesellschaft. Die Telekommunikationswirtschaft hat in den modernen Industriestaaten die Rolle eines Schlüsselsektors übernommen, von dem entscheidende Wachstumsimpulse für die gesamte Volkswirtschaft ausgehen. Informationen als Inputfaktor und Outputbestandteil sind zu einem Basiselement fast aller Sektoren der Wirtschaft geworden. Die durchschnittlichen jährlichen Wachstumsraten der Telekommunikationsbranche liegen in den letzten Jahren weit über dem entsprechenden Wachstum des Bruttoinlandsprodukts. Der deutsche Markt für Informations- und Kommunikationstechnologien und -dienstleistungen ist in den letzten Jahren im Vergleich zur gesamtwirtschaftlichen Entwicklung überproportional gewachsen. Zwischen 1998 und 2001 wuchs der deutsche IuK-Markt jährlich um 8,3% besonders kraftvoll. [4]

Die Bedeutung des TK-Sektors geht aber weit über seinen stetig ansteigenden Beitrag zum Bruttoinlandsprodukt hinaus. So beeinflussen die neuen

---

Fortschrittsbericht zum Aktionsprogramm der Bundesregierung, Berlin/Bonn, März 2002, S. 11

3 Iwd, Informationsdienst des Instituts der deutschen Wirtschaft, Ausgabe Nr. 21, Köln, 24.05.2001

4 BITKOM – Bundesverband Informationswirtschaft, Telekommunikation und neue Medien: Wege in die Informationsgesellschaft – Staus quo und Perspektiven Deutschlands im internationalen Vergleich, Berlin, Februar 2002, S.20

Kommunikationsmöglichkeiten grundlegend die Wettbewerbsbedingungen zwischen den Volkswirtschaften, da durch jede Preissenkung im TK-Sektor, durch eine breitere Palette von Dienstangeboten und durch einen verbesserten Service die Rolle Deutschlands im internationalen Standort-Wettbewerb gestärkt wird. Außerdem hat der Innovationsprozess, der durch die neuen technischen Möglichkeiten für Angebote von innovativen Dienstleistungen auf der Basis des Internets angestoßen wird, weitreichende Auswirkungen auf die Nutzungsintensität und die Präferenzen von geschäftlichen und privaten Kunden. Denn der schnelle Zugang zum Internet wird immer mehr ein Massenmarkt, die Nachfrage nach TK-Dienstleistungen nimmt immer stärker zu.[5] Daraus ergeben sich vielfältige Möglichkeiten für die Unternehmen der New Economy.

## 3. Innovationspotenziale – Basis unserer wirtschaftlichen Zukunft

Der Zusammenhang von Innovation und volkswirtschaftlichem Strukturwandel ist seit langer Zeit nachgewiesen. Fast immer waren es entscheidende Basisinnovationen, die eine lang andauernde konjunkturelle Aufschwungphase auslösten. Wurde die industrielle Entwicklung Ende des 18. Jahrhunderts mit der Erfindung des mechanischen Webstuhls und der Dampfmaschine eingeleitet, so markierten die Innovationen im Eisenbahnbau, der Schwerindustrie, der Elektrifizierung und der Chemieindustrie die Entwicklungsstufen der Wirtschaft im 19. Jahrhundert. Und das 20. Jahrhundert war geprägt von den Erfindungen und Weiterentwicklungen in der Kunststofftechnik und der Elektronik, bis in der letzten Dekade wieder Quantensprünge durch die Innovationen im Bereich der Mikroelektronik und der Entwicklung des Internets gelangen. Unser gegenwärtiger Konjunkturzyklus,[6] in dem wir uns nach allgemeiner Einschätzung seit 10-20 Jahren befinden, beruht im Wesentlichen auf der Mikroelektronik und den darauf beruhenden Informations- und Kommunikationstechnologien.

Ausgelöst und getragen wurden diese Wellen durch Unternehmen und Entwickler, die neue Produkte, Herstellungsverfahren und Dienstleistungen einführten und so völlig neue Möglichkeiten eröffneten, die eine ganze Reihe weiterer Innovationen nach sich zogen. So gelten neue Kommunikationsprodukte wie das Internet und das mobile Telefon, die vor zehn Jahren noch kaum eine Rolle spielten, heute in weiten Teilen der Bevölkerung als unver-

---

5 WIK Wissenschaftliches Institut für Kommunikationsdienste: Entwicklungstrends im Telekommunikationssektor bis 2010, Studie im Auftrag des Bundesministeriums für Wirtschaft und Technologie, April 2001, Bad Honnef, S.1

6 der fünfte „Kondratieff-Zyklus“, benannt nach dem russischen Ökonomen N.D. Kondratieff

zichtbar. Und die nächste Produktgeneration steht bereits kurz vor der Markteinführung, während die Forscher längst schon die übernächste Generation vor Augen haben und in den Labors verfeinern.

So wird zur Zeit beispielsweise vielfach an Projekten gearbeitet, die durch „Intelligente Agenten" das bei immer mehr Menschen entstehende Bedürfnis nach Entlastung von der Informationsflut befriedigen. Nicht nur im Privatleben sind diese Produkte in der Lage, die Komplexität der Kommunikations-, Medien- und Erlebnisangebote zu reduzieren, indem sie aus der Vielfalt von Möglichkeiten das nutzerspezifisch Relevante selektieren. Auch E-Business-Aktivitäten können auf diese Weise deutlich erleichtert werden, da sie in der Lage sind, in kurzer Zeit Angebote im Markt zu eruieren und gezielt zu selektieren oder Anbieter zum Senden von Angeboten zu veranlassen. [7] Auch bei der Deutschen Telekom läuft zur Zeit ein Pilotprojekt mit einem derartigen persönlichen elektronischen Agenten, der voll sprachbasiert, emotional und intelligent den Zugriff auf Terminkalender oder Aufgabenliste etc. ermöglicht, Navigationsleistungen erbringt, emotional auf die Behandlung durch den Nutzer reagiert, auf diesen eingeht und ihn aus eigenem Antrieb unterstützt.

# 4. E-Business – Chancen für die Wirtschaft

## 4.1 Internet als Informations- und Kommunikationsplattform

Besonderes Kennzeichen der New Economy ist die verstärkte Einbindung des Internet in Geschäftsprozesse. Der Vormarsch des Internets ist heute nicht mehr aufzuhalten. Es ist innerhalb kürzester Zeit zu einem zentralen Medium unserer Gesellschaft geworden und entwickelt sich in rasantem Tempo von einem Minderheiten- zu einem Massenprodukt. Das Internet wandelt sich vom einstigen Studentennetz zu einer Hochleistungs-Plattform für die Organisation und Steuerung kommerzieller Prozesse. Wir stehen heute vor einer völligen Neuausrichtung der Internet-Kommunikation. Denn vor allem für Unternehmen bietet sich das Internet als Informations- und Kommunikationsplattform geradezu an. Ein Unternehmer steht im Wettbewerb vor der Daueraufgabe, die betrieblichen Abläufe zu optimieren und die Wege zu seinen Kunden und in neue Märkte zu erweitern. Für diese beiden zentralen unternehmerischen Aufgaben bietet das Internet Möglichkeiten, die einzigartig und außerordentlich sind und viele Innovationspotenziale freisetzen. Denn das Internet ist bereits heute eine äußerst leistungsstarke Plattform für die Optimierung betrieblicher Prozesse, für den Ausbau von Vertriebswegen, für

7 WIK: Entwicklungstrends im Telekommunikationssektor bis 2010, S.112

die Verbesserung von Serviceleistungen und die Erschließung neuer Geschäftsfelder.

Das Internet von morgen wird eine breitbandige Netzplattform für die multimediale Telekommunikation sein. Für den Informationszugriff und den Informationsaustausch in den Unternehmen, für die Kommunikation mit Kunden und Geschäftspartnern und für die Umsetzung neuer innovativer Geschäftskonzepte eröffnet sich damit ein riesiges Potenzial.

Waren vor acht Jahren nur rund 1 Million Menschen weltweit online, so surfen heute bereits mehr als 400 Millionen Menschen durch das World Wide Web – über 30 Millionen Menschen über 14 Jahre sind es allein in Deutschland. Damit nimmt Deutschland in Europa zusammen mit Großbritannien eine Spitzenposition ein. Im Jahr 2005 werden nach Experten-Schätzungen weltweit fast 1,2 Mrd. Menschen online sein. Im letzten Jahr haben die Deutschen sogar erstmals mehr Zeit online verbracht als Ortsgespräche geführt. Deutsche Surfer sind im europäischen Vergleich am längsten im Netz. 27% der Nutzer surfen bereits täglich im Internet. Im Durchschnitt wird das Internet an 4,6 Tagen pro Woche genutzt.[8] Dies alles hat dazu geführt, dass sich das zu transportierende Datenvolumen in den letzten 12 Monaten versechsfacht hat. Für dieses Jahr ist eine ähnlich exponentielle Tendenz zu erwarten.

Noch ist die E-Mail-Funktion die beliebteste Anwendung im Internet, doch neue Dienste wie Electronic-Business sind immer stärker im Kommen. Das E-Business, also die Verzahnung und Optimierung von Geschäftsprozessen in ihrer ganzen Breite durch die Informations- und Telekommunikationstechnik, wird ein wichtiger Teil unserer wirtschaftlichen Zukunft sein. Die Umsätze im E-Business – so lauten alle Schätzungen – werden bereits kurzfristig explosionsartig ansteigen. Heute liegt Deutschland einer aktuellen Untersuchung des Bundeswirtschaftsministeriums zufolge beim E-Business mit einem Umsatz von rund 20 Mrd. € auf Platz Eins in Europa.[9] Für die nächsten Jahre werden vor allem für Electronic-Business im B2B-Bereich, d.h. für den zwischenbetrieblichen Handel (Business to Business), bedeutende Umsatzsteigerungen insbesondere für folgende Branchen erwartet: Elektrotechnik, Großhandel, Finanzdienstleistungen, Fahrzeugbau, Energie, Chemie/Pharma und Bauwirtschaft.[10]

---

8 Bundesverband der Deutschen Industrie (BDI): Positionspapier „Deutschland online – Thesen zur Weiterentwicklung der Aufgabenteilung zwischen Staat und Wirtschaft in der Internetökonomie", Berlin, Januar 2002, S.9

9 BMWi und BMBF: Informationsgesellschaft Deutschland, S.5

10 ebd., S.16

## 4.2 Der Mittelstand hat noch Nachholbedarf beim E-Business

Heute werden die Möglichkeiten des E-Business noch nicht annähernd ausgeschöpft. Insbesondere kleine und mittelständische Unternehmen könnten die Potenziale, die ihnen eine globale Welt bietet, noch deutlich stärker nutzen als bisher. Zwar hatten im Jahr 2001 neun von zehn Betrieben in Deutschland Zugang zum Internet, 86% der deutschen Betriebe nutzen E-Mails und fast zwei Drittel sind mit einer eigenen Website im Internet präsent. Bezüglich der Nutzungsvielfalt von E-Business bestehen jedoch noch erhebliche Defizite. Die reine Internet-Präsenz und die Nutzung von E-Mails gehören mittlerweile fast zum Allgemeingut in deutschen Betrieben. Bei den höherwertigen Anwendungen (z.B. Online-Datenaustausch oder Online-Abwicklung von Geschäftsverfahren) haben sie im internationalen Vergleich weiterhin erheblichen Nachholbedarf.[11]

Den Unternehmen bietet sich jedoch gerade hier ein großes Optimierungspotenzial: Denn durchdachte und auf das jeweilige Unternehmen zugeschnittene E-Business-Lösungen, z.B. für den Einkauf, führen nicht nur zu günstigeren Einkaufspreisen, sondern optimieren den gesamten Beschaffungsprozess. Beim Aufbau von E-Business-Anwendungen wie z.B. Internet-Handelsplattformen darf die Frage daher nicht länger lauten: „Ja oder Nein?“, sondern „Wie machen wir es richtig?“.

E-Business ist Herausforderung und Chance für alle, vor allem aber für die klein- und mittelständischen Unternehmen. Um diese Chancen nutzbar zu machen, unterstützt die Deutsche Telekom mit der Initiative „Mittelstand geht online“ die Unternehmen bestmöglich auf dem Weg ins Internet. Mit dieser Initiative werden dem Mittelstand deutliche Impulse für den strategischen Einsatz des Internet in den betrieblichen Prozessen gegeben. Im Rahmen ihrer Initiative hat die Deutsche Telekom im letzten Jahr zwei Wettbewerbe gestartet: Den Internet-Wettbewerb für Unternehmen, die noch über keine Web-Präsenz verfügen, und den eBusiness-Ideenwettbewerb, der sich an mittelständische Unternehmen richtet, die ihre Internet-Präsenz ausbauen wollen. Damit soll möglichst vielen kleinen und mittleren Unternehmen zu mehr Kompetenz und Erfahrung in der Internetnutzung verholfen werden.

## 4.3 E-Business führt zu neuen Geschäftsprozessen

Die Praxis zeigt, dass Unternehmen das Internet heute überwiegend zur Gestaltung interner Prozesse sowie zur Geschäftsabwicklung mit anderen Unternehmen (B2B) und mit Kunden (B2C – Business to Consumer) einsetzen. In erster Linie geht es dabei um die Zusammenarbeit zwischen zwei Unter-

11 ebd., S. 29/30

nehmen, zwischen einem Unternehmen und einem Auftraggeber, einem Lieferanten oder Kunden. Unternehmen verbinden mit dem verstärkten Einsatz des Internet in der betrieblichen Praxis konkrete Erwartungen, die die gesamte Wertschöpfungskette betreffen: Von der Verkürzung von Lieferzeiten über eine kostengünstigere Zahlungsabwicklung bis hin zu einer Stabilisierung der Vertriebs- und Lagerkosten.[12]

Das Internet unterstützt den Handelsprozess vom Kennenlernen eines Handelspartners über Verhandlungen, Ordern, Lieferung, Bezahlung bis zur Dokumentation der Geschäftsvorfälle. Insgesamt führt die konsequente Anwendung von E-Business schließlich zu neuen Geschäftsprozessen. Aus der traditionellen Wertschöpfungskette entsteht die Wertschöpfungskette der New Economy, in der alle internen und externen Geschäftsprozesse über das Netz miteinander verzahnt sind. Bestand die traditionelle Wertschöpfungskette aus Beschaffung, Produktion, Lagerung und Vertrieb, so ergänzt die Wertschöpfungskette der New Economy diese durch Anwendungen, die im und über das Netz arbeiten:

- E-Procurement unterstützt elektronisch die Beschaffungsprozesse, die durch einen intensiven Informationsaustausch und veränderte Organisations- und Prozessstrukturen gekennzeichnet sind. Hierzu zählen neben der elektronischen Abfrage von Produkt- und Lieferinformationen auch die elektronische Bestellabwicklung sowie das Auftrags- und Liefer-Tracking.
- Supply Chain Management, das Management der Liefer- und Logistikkette, entsteht parallel zur physikalischen Lieferkette als elektronische Lieferkette im Netz zum Informationsaustausch über den Anforderungs- und Lieferstatus.
- Enterprise Resource Planning unterstützt interne Geschäftsabläufe wie Finanz- und Rechnungswesen, Produktionsplanung und Materialwirtschaft, Personalmanagement sowie Distribution und Vertrieb. Dahinter steht das Ziel, interne EDV-Systeme zu vereinheitlichen und die Basis für standardisierte Schnittstellen und eine einheitliche Weiterentwicklung zu liefern.
- Customer Relationship Management soll durch die Automatisierung aller integrierten Geschäftsprozesse zur Optimierung von Kundenidentifizierung, Kundenbestandssicherung und Kundenwert beitragen. Dies kann gleichermaßen Vertrieb, Marketing und Kundenservice betreffen.

Für den elektronischen Austausch von Produkten und Dienstleistungen fungieren „elektronische Marktplätze" (E-Markets) als Plattformen, auf denen mehrere Unternehmen auf Käufer- und Verkäuferseite tätig sein können. E-Markets werden als Motor der gesamten E-Business-Entwicklung gesehen. Es handelt sich hierbei um „virtuelle Räume", in denen die verschiedenen Markt-

---

12 BDI, Positionspapier „Deutschland online", S. 10

teilnehmer jederzeit über das Internet interagieren können. Über das Portal Internet findet ein elektronischer Handel von Gütern und Leistungen zwischen Unternehmen statt. Somit lösen E-Markets die traditionellen Kunden- und Lieferantenbeziehungen ab. Sie unterstützen die gesamte Wertschöpfungskette und bieten eine Vielzahl von Zusatzleistungen. Alle Teilnehmer können auf alle Geschäftsmodelle zugreifen und diese nutzen. Beispiele hierfür sind Ausschreibungen, Auktionen oder personalisierte Kataloge.

Für innovative Telekommunikationsunternehmen bietet es sich an, als Betreiber elektronischer Marktplätze, als „Marketplace Operator", zu fungieren. Zu den Aufgaben eines solchen Marketplace Operators gehört zum einen die Bereitstellung einer einheitlichen weltweiten Kommunikationsplattform sowie einer einheitlichen Messaging-Oberfläche, die die Kommunikation zwischen den Handelspartnern sicherstellt. Darüber hinaus kommt dem Hosting und Betrieb von Standardapplikationen eine entscheidende Bedeutung zu. Um das fehlende Branchen-Know-how auszugleichen, bietet sich die Zusammenarbeit mit Unternehmen der jeweiligen Branche an. So hat zum Beispiel die Deutsche Telekom im Herbst 2000 in einem Joint Venture zusammen mit Bayer und Infraserv Höchst den Marketplace „Chemplorer" aus der Taufe gehoben. Auf diesem Marktplatz handeln und verhandeln seitdem Unternehmen der Chemie- und der Life-Science-Industrie. Chemplorer ist der Online-Marktplatz für die Chemische Industrie, bietet Transaktionen online, verbindet Kunden mit Einkäufern und Lieferanten und bietet umfangreiche Kontrollfunktionen für Warenbestand und Bestellstatus. Andere Beispiele aus dem Umfeld der Deutschen Telekom sind elektronische Marktplätze für die Bauindustrie und den Automobil-Sektor.

## 5. Breitbandiger Netzausbau notwendig

Datenintensive Dienste wie Multimedia- oder die beschriebenen E-Business-Anwendungen lassen natürlich auch die zu transportierenden Datenmengen exponentiell ansteigen. Um diese stetig anwachsenden Datenmengen schnell, sicher und flexibel transportieren zu können, wird ein immer leistungsfähigeres IP-Transport-Netz benötigt. Die Deutsche Telekom stellt dies für die geschäftlichen und privaten Transaktionen bereit. Wir bauen unser Internet-Backbone mit hohem Investitionsaufwand national und international kontinuierlich aus, um die verfügbaren Bandbreiten im Internet deutlich auszuweiten.

Da ein Großteil der Internet-Anwendungen auf den Informationsaustausch mit den USA ausgerichtet ist, müssen vor allem die transatlantischen Leitungen gut ausgebaut sein. Um zu veranschaulichen, welche Kapazitäten in den letzten Monaten über den Atlantik aufgebaut wurden, folgendes Beispiel: Von Juni bis Dezember 2001 hat die Deutsche Telekom die Transport-

und Übermittlungskapazitäten zwischen Europa und Nordamerika von knapp 5 Gigabit/s auf 40 Gigabit/s verachtfacht. Davon werden lediglich 500 Megabit/s, also ein halbes Gigabit/s, für den Sprachtelefonverkehr genutzt, der übergroße „Rest" dient der Ausweitung der Datenautobahnen und sorgt so dafür, dass die Daten noch schneller den Atlantik passieren können.

Der Datenverkehr hatte das Volumen des Sprachverkehrs bereits zur Jahrtausendwende erreicht und wird diesem in den nächsten Jahren mit großen Schritten davoneilen. Für die kommenden Jahre wird nach jüngsten Schätzungen[13] mit einem Anstieg des Sprachverkehrs um jährlich etwa 5% gerechnet. Die Prognosen für das Wachstum des Datenverkehrs bewegen sich mit bis zu 400% pro Jahr auf einem deutlich höheren Niveau. Innerhalb weniger Jahre wird der Sprachverkehr nur noch einen Bruchteil des gesamten Telekommunikationsverkehrs ausmachen. Folglich müssen neue Netze in erster Linie für die Datenkommunikation ausgelegt werden.

Auf nationaler Ebene hat die Deutsche Telekom daher bereits im vergangenen Jahr eine neue Generation des Internet-Backbones in Betrieb genommen. Damit waren nicht nur eine deutliche Kapazitätserhöhung verbunden, sondern auch zusätzliche Leistungsmerkmale für neue Produkte und Services. Die Kapazität des Internet-Backbone, mit der seither Daten in Deutschland übertragen werden können, wurde auf über 105 Gbit/s erhöht, um z.B. dem alleine im Jahre 2001 um 500% gewachsenen Verkehrsvolumen gerecht zu werden.

## 6. T-DSL – die Erfolgsstory der Deutschen Telekom im Festnetz

Die Anforderungen der Internet-Nutzer an die Qualität der Angebote steigen und damit steigen auch die Anforderungen an die Übertragungsraten der Internet-Zugänge. Um Kunden Videos, Bewegtbilder und animationsstarke Spiele am Bildschirm zu bieten, brauchen die Internet-Service-Provider den breitbandigen Zugang zu den Haushalten. Hier liegt die Zukunft des Internet.

Um den Nutzen für unsere Kunden zu optimieren, forciert die Deutsche Telekom daher seit einigen Jahren massiv den Ausbau ihrer breitbandigen T-DSL-Anschlüsse. Hier handelt es sich um eine sehr schnelle Technik der Internet-Anbindung, die das herkömmliche Telefonkabel nutzt. Das bedeutet, dass keine neuen Leitungen verlegt werden müssen, sondern das schmalbandige Kupferkabel des herkömmlichen Telefonanschlusses wird zur breitbandigen Hochleistungsstrecke erweitert. Mit T-DSL können extrem hohe Datenraten bis zum Kundenanschluss transportiert werden. Auf dieser Basis werden unterschiedliche Privat- und Geschäftskundenangebote generiert. Gegenwärtig ist

13 WIK: Entwicklungstrends im Telekommunikationssektor bis 2010, S.17

selbst das Basisangebot von T-DSL mit 768 kbit/s 12mal schneller als ISDN. Mit einer Kombination von T-ISDN und T-DSL sind gleichzeitig und in höchster Qualität klassische Telefondienste und Surfen im Internet kombinierbar.

Die Deutsche Telekom baut das weltweit dichteste DSL-Netz auf und macht Deutschland damit zur führenden Breitbandnation. Zum Jahresende 2001 hatten wir über 2,2 Millionen T-DSL-Anschlüsse vermarktet. Mit 5,3 Anschlüssen je 100 Haushalten belegte Deutschland damit in 2001 international hinter Süd-Korea einen Spitzenplatz und hat auch die USA bereits klar hinter sich gelassen.

## 7. Fortsetzung der Erfolgsstory Mobilfunk

Bisher basiert E-Business überwiegend auf dem Festnetz. Informationen werden zu Wissen verarbeitet und über Telekommunikationsnetze dorthin transportiert, wo sie gebraucht werden. Zukünftig muss in der New Economy nicht nur das Festnetz, sondern auch der Mobilfunk breitbandig und damit multimediafähig werden. Der Mobilfunkmarkt gehört heute zu den am schnellsten wachsenden Märkten überhaupt: Nutzten im Jahr 1991 weltweit ca. 16 Millionen Menschen mobile Kommunikationsmöglichkeiten, so waren es Ende 2001 bereits fast eine Milliarde.[14] In Deutschland wurden im gleichen Zeitraum aus gerade einmal 500.000 Handynutzern rund 56 Millionen Mobilfunkteilnehmer. Besonders beeindruckend ist, dass hier zu Lande damit die Anzahl der Mobilfunkkunden inzwischen höher ist als die Anzahl der Festnetzkunden. Und dabei ist es gerade einmal 13 Jahre her, dass z.B. in Deutschland das erste Handy für rund 10.000 DM – rechtzeitig zum Weihnachtsgeschäft – auf den Markt gekommen war.

Der beschleunigte Zuwachs wird in erster Linie auf eine Steigerung der mobilen Sprachtelefonie sowie erste mobile Internetzugriffe nach der Einführung des Wireless Application Protocol (WAP) zurückgeführt. Auch die in den letzten beiden Jahren sprunghaft angestiegene Nutzung von kurzen Textnachrichten (SMS – Short Message Service) hat dem Mobilfunkmarkt einen Schub verschafft. SMS sind mittlerweile gleichermaßen attraktiv für den privaten Massenmarkt als auch für Unternehmen etwa zur Kommunikation mit den Außendiensten.[15] Nach Schätzungen der Regulierungsbehörde für Telekommunikation und Post (RegTP) wurden im Jahr 2000 in Deutschland rund 12 Milliarden SMS-Nachrichten verschickt[16]; im Jahr 2001 waren

14 BITKOM: Wege in die Informationsgesellschaft, S.10

15 WIK: Entwicklungstrends im Telekommunikationssektor bis 2010, S.12

16 Regulierungsbehörde für Telekommunikation und Post: Matthias Kurth, Rede CAI Cheuvreux German Corporate Conference, Kronberg, 15.01.2002: „The Dinosaur Evolves – Telecommunications In Germany"

es bereits über 25 Milliarden. Deutschland liegt damit weltweit an der Spitze bei der Nutzung dieses innovativen Dienstes.

Die Mobilfunkpenetration in Deutschland liegt mittlerweile bei fast 70%. Im internationalen Vergleich liegt die Bundesrepublik damit deutlich vor den USA und Japan. Verglichen mit anderen europäischen Ländern gibt es jedoch noch Nachholbedarf: So nutzen z.B. in Luxemburg 99 von 100 Einwohnern und in Italien 89 von 100 Einwohnern ein Mobiltelefon. Der westeuropäische Durchschnitt lag Ende 2001 bei einer Penetrationsrate von 75%.[17]

Zukünftig wird der Mobilfunkbereich zusätzlichen Schub durch den M-Business, den Mobile Business, erhalten. Hohe Übertragungsraten im Mobilnetz machen E-Business Anwendungen im Mobilnetz attraktiv und diese steigern wiederum den Verkehr im Mobilnetz. Studien gehen davon aus, dass durch Mobile Business in den kommenden Jahren eine Vielzahl neuer Applikationen entstehen wird.[18] Die Bandbreite reicht von Mobile Messaging über Mobile Work zu Mobile Health und Mobile Entertainment. Um diese Anwendungen umfassend nutzen zu können, sind breitbandige Technologien wie GPRS und UMTS notwendig. Hier sind die Europäer den USA derzeit um Jahre voraus.

## 7.1 GPRS – Mobiler Internet-Zugang über Handy

Mit der Einführung der GPRS-Technologie (General Packet Radio Service), einer Technik, die einen mobilen Internetzugang über das Handy bietet, erfährt der Mobilfunk derzeit einen zusätzlichen Schub. GPRS ist ein für die Internet-Technologie standardisierter und optimierter Datenfunkdienst auf Basis der heutigen GSM-Netze. GPRS wird die mobile Datenübertragung von derzeit 9,6 kbit/s auf – im günstigsten Falle – bis zu 100 kbit/s steigern.

Für den Nutzer hat GPRS eine ganze Reihe von Vorteilen:

- Always online: GPRS-Nutzer sind ständig im Netzwerk präsent. Auf diese Weise erhalten die Kunden jederzeit und ohne zeitraubende Rufaufbauzeiten sofortigen Zugriff auf alle Informationen, die sie benötigen. Egal ob sie auf eine E-Mail warten, im Intranet ihres Unternehmens surfen oder ständig mit den neuesten Börsenkursen beliefert werden möchten – die Kunden sind immer erreichbar und auf dem neuesten Stand.
- Schnellere Datenübertragung: Der paketvermittelte Datentransfer stellt Übertragungsgeschwindigkeiten nahezu auf Festnetzniveau zur Verfügung. GPRS übermittelt Daten bis zu fünfmal schneller als mit der heutigen GSM-Übertragungsrate von 9,6 kbit/s. So erhalten beispielsweise

17 BITKOM: Wege in die Informationsgesellschaft, S.10
18 ebd.

Unternehmen die Möglichkeit, firmenübergreifende Datenanwendungen sicher und schnell auch auf die mobilen Mitarbeiter auszudehnen.
- Neue Tarifierungsform: Mit GPRS wird sich auch die Abrechnung im Mobilfunk ändern: Anders als bisher werden zum Beispiel die T-D1 Kunden für Datenübertragungen nicht mehr primär Minutenpreise bezahlen. Stattdessen entstehen GPRS-Nutzern durch die paketorientierte Versendung nur dann Kosten, wenn auch wirklich Daten übertragen werden. Ähnlich wie beim Einkaufen wird nicht die Zeit bezahlt, die man im Kaufhaus verbringt. Berechnet werden nur diejenigen Waren – also die Kilobyte, die man haben will. Die Tarifierung richtet sich nach dem tatsächlich übertragenen Datenvolumen und ist unabhängig von der Verbindungszeit.

Damit wird mit GPRS ein Paradigmen-Wechsel im Mobilfunk vollzogen.

## 7.2 UMTS, die dritte Mobilfunkgeneration

Stellte bereits GPRS einen enormen Fortschritt in der mobilen Kommunikation dar, so wird mit der nächsten, der dritten Generation des Mobilfunks ein regelrechter Quantensprung vollzogen. Mit der Einführung des 3G-Standards UMTS (Universal Mobile Telecommunications System) steht eine weitere Revolution der Telekommunikation an. UMTS wird uns vor allem in der mobilen Datenkommunikation neue Dienste bieten und uns damit dem Ziel näher bringen, Informationen überall, zu jeder Zeit und situationsbezogen in einer dem Menschen persönlich angepassten Form zur Verfügung zu stellen. Die Entwicklung von GSM über GPRS zu UMTS verhält sich in etwa wie diejenige im Festnetz von analog über ISDN zu DSL.

Mit der Einführung dieses neuen Mobilfunkstandards UMTS wird der superschnelle Internet-Zugang via Handy ebenso möglich wie echte multimediale Anwendungen. Bilder, Grafiken oder ganze Videoclips können dann in relativ kurzer Zeit übers Handy verschickt werden – wann und wo immer dies gewünscht wird. Die Handys werden zukünftig kleine Multimedia-Terminals sein, über welche die Kunden ihre Kontoführung, Hotelreservierung, Flugbuchung genauso vornehmen können, wie sie im Internet surfen, Nachrichten hören und natürlich telefonieren können. Damit werden Internet-Content, breitbandiger Mobilfunk und individualisierte Informations- und Kommunikations-Services zu kundenorientierten Dienstleistungs-Paketen verschmelzen.

Schätzungen gehen davon aus, dass im Jahr 2010 mehr als 600 Millionen Teilnehmer weltweit die Netze der dritten Mobilfunkgeneration nutzen werden, davon etwa 30 Millionen in Deutschland.[19] Beim Aufbau der UMTS-Netze befinden sich die deutschen Telekommunikationsunternehmen unter

---

19 BMWi und BMBF: Informationsgesellschaft Deutschland, S.34

erheblichem Zeitdruck. Die deutschen Netzbetreiber mussten gemeinsam mit den Briten die in Europa höchsten Lizenzkosten aufbringen. Sechs Lizenzen wurden im Sommer 2000 für insgesamt 50 Milliarden Euro versteigert, dies entspricht 614 Euro je Einwohner. In Spanien wurden die Lizenzen für lediglich 13 Euro je Einwohner vergeben. Und bis Ende 2003 verlangen die deutschen Lizenzbedingungen eine Netzabdeckung von 25%.[20]

## 8. Sicherheitstechnik

Angesichts der vielfältigen Möglichkeiten, die sich durch die Informations- und Kommunikationstechnologien für private und geschäftliche Nutzer ergeben, kommt der Gewährleistung von IT-Sicherheit immer größere Bedeutung zu. Die zentrale Frage lautet: Wie kann man die Sicherheit im Internet und beim E-Business auf einem möglichst hohen Niveau gewährleisten? Höhere Sicherheitsstandards werden die Akzeptanz und Nutzungsintensität elektronischer Dienstleistungen weiter steigern. Darüber hinaus geht es aber auch um die Frage, wie wir für die Telekommunikations-Infrastruktur ein hohes Maß an Schutz und Sicherheit gegenüber möglichen Gefahren aller Art bieten können – im Katastrophenfall beispielsweise, oder bei technischen Ausfällen und gegen Viren oder Hacker.

Je mehr die Bedeutung der Kommunikation in offenen Netzen steigt, desto größer und umfassender werden die Anforderungen der Nutzer an die Sicherheit. Die Deutsche Telekom bietet ihren Kunden und Partnern heute bereits ein umfassendes Leistungs- und Lösungsspektrum an. Sicherheit wird zudem mehr und mehr zu einem selbstverständlichen und integralen Bestandteil unserer Produkte und Angebote. Wir waren mit unseren Sicherheitslösungen im deutschen Markt Pionier und sind derzeit Marktführer. Dabei spielt die Verschlüsselung – die sogenannte Kryptographie – eine bestimmende Rolle. Sie ist die Basis für vielseitige Sicherheitsfunktionen und –anwendungen. Zwei Aspekte sind im Wesentlichen zu unterscheiden: Sicherheit im Sinne von unveränderbar und abhörsicher und Sicherheit im Sinne von authentisch (z.B. die Digitale Signatur).

Die Deutsche Telekom hat sich bereits seit Ende der 80er Jahre mit diesem Thema beschäftigt. 1994 haben wir das erste Trust-Center aufgebaut, das die offizielle Zulassung im Sinne des Signaturgesetzes von der Zertifizierungsstelle der Regulierungsbehörde erhalten hat und eine ganze Reihe von Produkten in Sachen Sicherheit anbietet. Auch in unserem Unternehmen nutzen wir diese Techniken: So arbeiten zum Beispiel bereits seit Jahren alle Mitarbeiter der Deutschen Telekom mit einer speziellen Chip-Karte, die ei-

---

20 BITKOM: Wege in die Informationsgesellschaft, S.2-3

nen vom Telekom Trust Center ausgegebenen geheimen Schlüssel trägt und eindeutig einer bestimmten Person zugeordnet ist.

Natürlich arbeiten wir auch daran, privaten Anwendern immer höhere Sicherheitsstandards in der elektronischen Kommunikation zu bieten. So hat T-Online bereits im letzten Jahr den Service „Secure E-Mail" eingeführt. Der Schutz der Netze und Infrastrukturen vor zerstörerischen Angriffen und Abhörung hat bei uns ebenfalls einen hohen Stellenwert. So haben wir erst kürzlich mit der Bundesregierung eine enge Zusammenarbeit bei der Schaffung von entsprechenden Sicherheitsstandards vereinbart.

## 9. Ausblick

E-Business wird unser ganzes Geschäftsleben revolutionieren. Es eröffnet neue Wege und Chancen für Telekommunikationsunternehmen und für die gesamte Wirtschaft. Die großen Potenziale liegen dabei nicht allein im Netz, sondern im Konvergenzumfeld von Informationstechnologie und Telekommunikation. Dies impliziert einen Wandel in der Ausrichtung von Telekommunikationsunternehmen vom reinen Netzbetreiber hin zum Systemlösungsanbieter.

In diesem Zusammenhang ist festzustellen, dass die New Economy, dass die Internet-Wirtschaft ein Wachstumsmarkt im besten Sinne des Wortes ist. In diesem Markt werden Arbeitsplätze geschaffen, hier streben Unternehmen nach Gewinnen, hier wird in die Zukunft investiert. Dies alles kann nur funktionieren, wenn Produkt- und Dienstleistungsangebote und die Preise, die dafür gezahlt werden, in einem vernünftigen Verhältnis stehen. Daraus folgt, dass langfristig sowohl die Qualität der Netzplattform des Internet als auch die Qualität der Informationsdienstleistungen im Web direkt mit der Realisierung funktionierender Geschäftsmodelle für die Internet-Kommunikation verknüpft sind. Aus Sicht der Kunden bedeutet dies: Nur wer bereit ist, für die Dienstleistungen, die er über das Web abruft, einen angemessenen Preis zu zahlen, darf erwarten, dass diese Dienstleistungen einen hohen Qualitätsstandard erfüllen.

Auch in der New Economy gelten für Unternehmen schließlich die betriebswirtschaftlichen Grundsätze und die Gesetze des Marktes. Auch in der New Economy müssen Produkte einen Preis haben, ganz gleich, ob sie per Post oder per Glasfaserleitung geliefert werden.

*Siegmar Mosdorf*

# Informationsgesellschaft – informierte Gesellschaft?

Die Informationsgesellschaft hat sich in Deutschland in den letzten drei Jahren in beeindruckender Weise entwickelt. Die Zahl der Internetnutzerinnen und -nutzer über 14 Jahren hat sich von rund 14 Millionen Ende 1998 auf über 30 Millionen Ende 2001 mehr als verdoppelt. Alle Schulen waren bis Herbst 2001 mit einem Internetzugang ausgestattet und das im Vergleich zu nur 15% im Jahre 1998. Die Zahl der Mobilfunknutzerinnen und -nutzer hat im Jahr 2000 um mehr als 100% zugenommen und Anfang 2001 die Zahl der Festnetzanschlüsse übertroffen: Ende 2001 wuchs sie weiter auf 56 Millionen. Mit 21 Anschlüssen je 1000 Einwohner belegt Deutschland bei der Zahl der breitbandigen DSL-Anschlüsse in Europa den zweiten Platz hinter Schweden und gehört auch bei dieser Spitzentechnologie zu den international führenden Märkten.

Die Branche für Informations- und Kommunikationstechnologien (IuK) ist zu einem führenden Wirtschaftszweig in Deutschland geworden, der mit zeitweise jährlich zweistelligen Zuwachsraten entscheidende Impulse für Wirtschaftswachstum und Beschäftigung geschaffen hat. Sie beschäftigt über 800.000 Menschen.

Was müssen wir nun tun, um in der Informations- und Kommunikationsgesellschaft zu bestehen? Was sind die Chancen der Persönlichkeitsentwicklung, aber was auch die Herausforderungen für den Einzelnen unter den Bedingungen der Kommunikationsgesellschaft? Welche Entwicklungen gehen von der Kommunikationsgesellschaft aus?

Wir beobachten, dass sich die Auffassungen dazu wandeln, genauso wie sich unsere Welt – schneller als je zuvor – verändert. Das trifft sich mit den Erfordernissen der Globalisierung. Ein Blick auf das, was schon heute in der Arbeitswelt Realität ist, zeigt einige der Herausforderungen auf, mit denen wir künftig umgehen müssen.

Die Globalisierung wird maßgeblich durch drei Faktoren beschleunigt: Erstens durch die Aufhebung des Ost-West-Systemgegensatzes und damit die Aufhebung quasi merkantiler Strukturen. Zweitens durch den neuen Selbstbehauptungswillen vor allem der asiatischen, der lateinamerikanischen, aber auch der südafrikanischen Völker, die nicht länger auf der Strafbank der sogenannten „Entwicklungsländer" sitzen wollen, sondern wirtschaftliche und technologische Entwicklungsstufen, die wir Europäer über Jahrhunderte durchlaufen haben, teilweise oder ganz überspringen, also „leapfroggen".

Der dritte Faktor sind die Informations- und Kommunikationstechnologien selbst. Diese neuen Technologien machen einerseits eine neue Weltarbeitsteilung zwischen den OECD-Volkswirtschaften und vor allem den Schwellenländern möglich. Das verändert die Weltwirtschaft und die Wettbewerbsbedingungen für uns ganz grundlegend. Die Informationsgesellschaft des 21. Jahrhunderts stützt ihren Erfolg auch weiterhin auf eine reale Fertigungsbasis. Aber die alten Strukturen der Produktion in Megafabriken und der Export der Güter von einem zentralen Punkt der Welt werden out sein. Die Zukunft wird in schlanken Hauptverwaltungen zentral gesteuert, aber dezentral auf den Absatzmärkten produziert. Das ist der Grund für hohe Auslandsinvestitionen. Die Informations- und Kommunikationstechnik lässt dann eine Verbundproduktion im Drei-Schichtbetrieb rund um die Uhr gestaffelt nach Zeitzonen zu. Dem 8-Stundentag in Tokio schließt sich der 8-Stundentag in den USA an. Auch Verbundforschung mit Wissenschaftlern auf der ganzen Welt wird online möglich.

In der neuen Weltwirtschaft des 21. Jahrhunderts können Länder mit einem hohen Lebensstandard ihr Wohlfahrtsniveau nur halten, wenn sie Spitzenprodukte mit erstklassig ausgebildeten Produktionseliten in flexiblen und dynamischen Arbeits- und Fertigungsstrukturen zu wettbewerbsfähigen Preisen für den Binnen- und den Weltmarkt entwickeln und produzieren. Deutschland kann seinen ökonomischen, ökologischen und sozialen Standort also nur mit qualifizierten Arbeitnehmern, kreativen Wissenschaftlern, schöpferischen und mutigen Unternehmen und Managern, flexiblen und modernen Gewerkschaften und einer ideenreichen und kraftvollen Elite halten können. Dazu braucht das Land „Pace-maker" in der Politik, in der Wirtschaft, in der Wissenschaft, in den Gewerkschaften und in der Gesellschaft.

Diejenigen, die auf diesen Wandel nur defensiv und strukturkonservativ reagieren, werden zurückbleiben. Diejenigen aber, die den Wandel mit dem Wertekompass offensiv gestalten, werden Strukturen verändern müssen. Sie werden durch ein Fegefeuer von ständischen Interessen gehen müssen, aber langsam das Vertrauen zunächst der Leistungsträger und dann der Mehrheit gewinnen.

Globalisierung bedeutet die Entgrenzung und Entfesselung eines zunehmend erdumspannend organisierten Wettbewerbs. Grundsätzlich ist das zwar nichts völlig Neues. Schon vor hundert Jahren wurde weltweit und in großem Stil Handel getrieben. Neu ist aber, dass auch immer mehr Dienstleistungen weltweit gehandelt werden und international konkurrieren.

Mit zunehmender Technisierung und Automatisierung verschiebt sich die Arbeit von manuellen produzierenden Tätigkeiten zu geistigen kontrollierenden bzw. innovativen Tätigkeiten. Das hat Einfluss auf die idealtypische Persönlichkeitsstruktur. Bereits 50% der Beschäftigten sind heute mit der Wissens- und Informationsverarbeitung im weitesten Sinne befasst, 20% üben andere Dienstleistungen aus, während produktionsorientierte Tätigkeiten nur mehr 30% ausmachen. Und dieser Strukturwandel setzt sich fort.

Was sind die Folgen? Die Folgen von Globalisierung und Digitalisierung, das können wir jeden Tag beobachten, lassen vertraute Begrifflichkeiten unserer Arbeitswelt immer mehr verschwimmen. Arbeitszeit, Arbeitsort, Arbeitsleistung und Arbeitsplatz – das lässt sich immer schwerer fassen. Ebenso lässt der Übergang zur Wissens- und Informationsgesellschaft alte, vertraute Kategorien und Unterscheidungen unscharf werden. Das Normalarbeitsverhältnis, die Homogenität von Sektoren – hier Industrie, dort Dienstleistungen –, die inhaltliche Stabilität von Berufen, die normierende Bedeutung von Qualifikationsebenen – alles das beginnt sich aufzulösen und neu zu formieren. Gleichzeitig wird das Verhältnis von leitender zu ausführender Arbeit und von direkter und indirekter Produktionsarbeit grundlegend in Frage gestellt. Und schließlich: Wenn das Kapital eines Unternehmens mehr und mehr in den Köpfen der Mitarbeiter steckt, dann löst sich nicht nur der alte Gegensatz von Kapital und Arbeit auf, auch der zwischen Unternehmer und Arbeitnehmer verliert an Bedeutung. Wissen ist für ein rohstoffarmes Land wie Deutschland ein zentraler Standortfaktor, der für die Zukunft unserer Volkswirtschaft entscheidend ist.

Man kann die Geschwindigkeit des strukturellen Wandels an ein paar Zahlen festmachen. Heute verschwinden jedes Jahr durchschnittlich über 10% aller Arbeitsplätze. Sie werden durch andere Arbeitsplätze in Verbindung mit neuen, sich rasch wandelnden Arbeitsprozessen ersetzt. Und die wiederum erfordern generell neue, bessere, teilweise sehr spezifische oder umfassende Qualifikationen. Mehr noch: Jedes Jahr scheiden 2-3% der Arbeitskräfte aus Alters- oder sonstigen Gründen aus dem Arbeitsleben aus. An ihre Stelle treten Menschen mit neuen Bildungs- und Berufsbildungsvoraussetzungen, mit neuen Kompetenzen. Aber auch mit neuen Vorstellungen über ihre persönliche Lebensgestaltung. Alles das stellt besondere Anforderungen an die Vermittlung neuer Kompetenzen.

Die Zukunft zu gewinnen und die Chancen der Persönlichkeit in der Kommunikationsgesellschaft wahrzunehmen, heißt deshalb, Bildung zum Thema Nr. 1 zu machen. Bildungspolitik als Persönlichkeitsentwicklung, das war im schulischen und im akademischen Bereich immer unumstritten. Seit etwa 10 Jahren hält dies auch Einzug im dualen System der beruflichen Bildung. Auch im betrieblichen Alltag wird der „nur funktionierende Befehlsempfänger“ nicht mehr als zukunftsfähig angesehen. Das Bundesministerium für Wirtschaft und Technologie als Verordnungsgeber trägt dem Rechnung. In allen Ausbildungsordnungen moderner Prägung finden neben den unverzichtbaren fachlichen Inhalten Schlüsselqualifikationen ihren Niederschlag in den Lernzielen und in den Prüfungsanforderungen. Damit werden in der betrieblichen Qualifizierung diese „soft skills“ auf die beruflichen Belange hin erweitert und ausgebaut. Auch ältere Ausbildungsordnungen sind so offen formuliert, dass immer nach dem neuesten Stand ausgebildet werden kann: Es ist also alles erlaubt um das Ausbildungsziel zu erreichen, was nicht ausdrücklich verboten ist.

Neue Techniken und Organisationsformen erzwingen auch in den Betrieben einen neuen Typus des Mitarbeiters. Verantwortungsbewusstsein, Selbstständigkeit, Qualitätssicherung, Teamfähigkeit, das sind heute die „Schlüsselqualifikationen“, auf die es ankommt. An erster Stelle steht hierbei die Flexibilität. Ist diese Grundeinstellung vorhanden, dann ist schon fast alles gewonnen.

Ein wesentlicher Schlüssel für die Entwicklung der Persönlichkeit ist das lebenslange Lernen. Damit kann der Einzelne seine Chancen in der Kommunikationsgesellschaft wahrnehmen. Durch die extreme Verkürzung der Wissenshalbwertzeit ist es dringend notwendig, Lernen als kontinuierlichen Entwicklungsprozess zu verstehen.

Diese Aufzählungen zeigen, dass der Einzelne zunehmend Verantwortung für die Steuerung und Organisation des kontinuierlichen Lernens übernimmt. Wie kann dieser Prozess im Bereich der Bildung unterstützt werden? Lernen des Lernens (Lernkompetenz) ist Voraussetzung für ein lebenslanges Lernen. Es muss von der Kindertageseinrichtung an in allen Phasen von Bildung und Qualifizierung erfolgen. Um Lernkompetenz zu erwerben, müssen Lernende und Lehrende immer wieder zurückblicken und darüber nachdenken, wie Lernen stattgefunden hat und wie es noch besser hätte stattfinden können. Dazu gehört auch das Zulassen von Fehlern und das Lernen aus Fehlern. Individuelle Eigenverantwortung für kontinuierliche Bildungsprozesse setzt voraus, dass die einzelne Person mit dem offenen Prozess des lebenslangen Lernens umzugehen lernt. Dies erfordert insbesondere:

- eine Bildungs- und Qualifizierungsberatung, die von den individuellen Kenntnissen und Kompetenzen ausgeht, sowie
- neue Formen der Begleitung für Bildungsprozesse, die individuell von den Lernenden gesteuert werden.

Folgende Zahlen mögen nochmals kurz die Bedeutung von lebenslangem Lernen unterstreichen: 80% aller Technologien und Produkte sind zwar jünger als 10 Jahre, die Qualifikationen der Arbeitskräfte in Europa sind jedoch zu 80% älter als 10 Jahre. Den „Beruf fürs Leben“ gibt es nur noch in den wenigsten Fällen. In den USA sind „patch-work-Karrieren“ mittlerweile gang und gäbe. Heute Schauspieler, morgen Cutter, übermorgen im Film-Marketing. Das beinhaltet Risiken, heißt aber auch, dass der Einzelne seine vielfältigen individuellen Fähigkeiten besser einsetzen kann. Nur so kann der Einzelne künftig seine dauerhafte Beschäftigung und seine berufliche Weiterentwicklung sichern.

Mit der Notwendigkeit eines lebenslangen fachlichen Lernens ist das Erfordernis, soziale Kompetenz zu entwickeln, eng verknüpft. Ein Blick auf die Stellenanzeigen in den einschlägigen Fachzeitschriften zeigt prinzipiell die hohe Bewertung von sozialen Kompetenzen in den Personalabteilungen der

Unternehmen. Kommunikationsfähigkeit, Konfliktbereitschaft, Teamfähigkeit, didaktisches Geschick und ähnliche Anforderungen werden neben den üblichen fachlichen Qualifikationen als Grundvoraussetzung von den Bewerbern gefordert. Mit Fachwissen allein kann man demnach in keinem Beruf mehr große Sprünge machen. Selbständigkeit, Eigeninitiative, Verantwortungsbewusstsein, Team- und Kommunikationsfähigkeit einschließlich der Handhabung moderner Informationstechnologien – darauf kommt es heute an. Diese Schlüsselqualifikationen tragen ihren Namen also zu Recht, denn erst sie öffnen Horizonte für Menschen und Unternehmen. Sieht man von der Handhabung moderner Informations- und Kommunikationstechnologien einmal ab, so geht es hierbei um Qualifikationen, die nicht nur nicht veralten, sondern gewissermaßen das Fundament aller weiteren Qualifikationen bilden. Schätzungen zufolge bestehen in halbwegs anspruchsvollen Positionen bereits mehr als 50% aller Anforderungen aus derartigen Schlüsselqualifikationen. In einer Gesellschaft, die immer stärker von Wandel bestimmt ist, sind das frühzeitige Erfahren und Reflektieren von Werten und die Herausbildung eigener Werthaltungen entscheidend für die Fähigkeit sich zu orientieren.

Das Gleiche gilt für die Fähigkeit, Perspektiven zu entwickeln, das eigene Lebensumfeld mitzugestalten und solidarisch zu handeln. Für eine langfristige, nachhaltige Sicherung des Lebens-, Gesellschafts- und Wirtschaftsraums Deutschland ist der Erwerb einer vorausschauenden Gestaltungskompetenz notwendig, die ökologische, ökonomische und soziale Verantwortung miteinander verbindet. In der Herausbildung all dieser Qualifikationsmerkmale liegt auch die Chance für eine neue „Kultur der Selbständigkeit“. Hier hat Deutschland einen Nachholbedarf gegenüber dem Ausland.

E-Learning ist eine technische Anwendung, die das selbstgesteuerte Lernen des Einzelnen ermöglicht. Durch den Einsatz der neuen Medien gelingt es, die bisherige Trennung zwischen Arbeiten und Lernen zu überwinden. In den USA setzen bereits heute 92% der großen Firmen Online-Learning für ihre Mitarbeiter ein.

Die Konsequenzen des Vordringens der Informations- und Kommunikationstechnologien werfen aber auch einige Fragen auf: Wie wirken sich die neuen Technikangebote auf die Persönlichkeitsentwicklung von Jugendlichen aus? Hier müssen wir uns auseinandersetzen mit Begriffen wie SMS-Boom, die Verschuldungsproblematik durch übermäßige Nutzung der neuen Kommunikationstechniken, der Fernseher als Babysitter und Erzieher, die zunehmende Zahl unsportlicher Stubenhocker, die Verrohungsgefahren durch TV und Video. Die Empfangsmöglichkeiten von ausländischen TV-Sendern stehen in negativer Wechselwirkung mit Integrationsbestrebungen. Besonders betroffen sind hier in der Türkei sozialisierte Frauen beim deutschen Spracherwerb. Bisher sind das noch unscharfe Tendenzen; umfassende Problemanalysen gibt es nicht. Wir sind aber gut beraten, eine breite gesellschaftliche Diskussion zu beginnen. Für den Bildungsbereich gilt: Wir brauchen vor allem neue pädagogische und didaktische Konzepte. Nur so lassen sich die

Chancen der Informations- und Kommunikationstechnologien zielführend nutzen. Die Bundesregierung hat große Hilfestellungen geleistet:

Sie hat der multimedialen Modernisierung der Bildung einen zentralen Stellenwert eingeräumt und anspruchsvolle Ziele zur IT-Ausstattung und Netzanbindung der Bildungseinrichtungen sowie zur Bereitstellung von Bildungssoftware formuliert. Zur Erreichung dieser Ziele hat sie im Frühjahr 2000 das Handlungskonzept „IT in der Bildung – Anschluss statt Ausschluss“ gestartet, für das im Zeitraum 2000 bis 2004 unter Berücksichtigung der Mittel aus den UMTS-Zinsersparnissen ca. 700 Mio. € zur Verfügung stehen. Die hierin gebündelten Maßnahmen wie

- das Programm „Neue Medien in der Bildung“ zur Entwicklung von Lehr- und Lernsoftware für allgemeinbildende Schulen, berufliche Bildung und Hochschulen *(*www.gmd.de/PT-NMB*)*,
- der Ideenwettbewerb „LERNET – Netzbasiertes Lernen in Mittelstand und öffentlichen Verwaltungen“ mit dem Ziel, neue Formen der Weiterbildung über das Internet zu erschließen und selbstorganisiertes Lernen in Wirtschaft und Verwaltungen zu ermöglichen *(*www.lernet-info.de*)*,
- die Strukturierung der IT-Weiterbildung, die zu systematisch aufeinander aufbauenden, zertifizierten IT-Weiterbildungen auf der Grundlage eines Ordnungsrahmens, speziell entwickelter Curricula sowie Bildungssoftware führen soll *(*www.gmd.de/PT-NMB*)*,
- die multimediale Modernisierung der Hochschulen, die neben der Entwicklung von Lehr- und Lernsoftware mit den Projekten „Vernetztes Studium Chemie“, „Virtuelle Fachhochschule“ sowie den Demonstrationsprojekten zur Installation drahtloser Netzinfrastrukturen (WLAN) komplexe Lösungen für multimedial aufbereitete Lehrangebote unterstützt *(*www.gmd.de/PT-NMB*)*,
- die Verbesserung der informationstechnischen Ausstattung der Berufsschulen im Rahmen der von Bund und Ländern gestarteten „Zukunftsinitiative berufliche Schulen (ZIBS)“ *(www.bundesregierung.de/dokumente/Bericht/ix_32254.htm)*,
- die Initiative „Schulen ans Netz“, in deren Rahmen die Netzanbindung der Schulen begleitet und multimediale Eigenproduktionen von Lehrkräften und Schülerinnen und Schülern unterstützt, methodische und praktische Fragen der Medienintegration in den Unterricht aufgegriffen sowie ein Erfahrungsaustausch unter Lehrkräften organisiert werden *(*www.-schulen-ans-netz.de*)*,
- die Computerbörse „Marktplatz für Schulen“, die Unternehmen und Schulen logistische Unterstützung für die Vermittlung von Hardware, von Software und von D21-Ambassadoren liefert *(www.marktplatz-fuer-schulen.de; www.aktion-klasse.de)*,
- Modellversuche der Bund-Länder-Kommission wie das Programm „Systematische Einbeziehung von Medien, Informations- und Kommunika-

tionstechnologien in Lehr- und Lernprozesse (SEMIK)“, die bei der Integration der neuen Medien einen Schwerpunkt setzen, auch zur Lehrerqualifikation *(www.blk-bonn.de),*

flankieren die zusätzlichen Anstrengungen der Länder sowie der Wirtschaft im Rahmen der Initiative D21 *(www.initiatived21.de).* Hierzu gehören die informationstechnische Qualifizierung von 120 000 Lehrkräften, das Ambassador-Programm, in dessen Rahmen Experten aus Unternehmen in den Schulen für eine informationstechnische Ausbildung werben, der Aufbau von 20 000 Schulpatenschaften, speziellen Sponsoringinitiativen wie „Internet-Klassenzimmer“; „hardware4friends“ sowie der Aufbau runder Tische für Hardwaresponsoring in den Regionen.

Aufgrund des konzentrierten Vorgehens von Bundesregierung, Wirtschaft und Ländern konnten seit dem Regierungswechsel deutliche Erfolge erzielt werden. Seit Herbst 2001 verfügen alle Schulen über Internetanschlüsse. Die Computerausstattung in den Schulen konnte spürbar verbessert werden. Die durchschnittliche Zahl der Schülerinnen und Schüler pro Computer konnte seit 1998 halbiert werden. Die Netzanbindung aller Hochschulen mit Hochgeschwindigkeitszugängen ist über das deutsche Forschungsnetz realisiert. Die Länder haben, unterstützt durch die Initiative D21, die Anstrengungen bei der IT-Qualifizierung von Lehrkräften verstärkt. Aus keinem anderen Staat sind vergleichbare Initiativen zur Entwicklung von Bildungssoftware in den Bereichen Schule, Berufsbildung und Hochschule bekannt, wie sie die deutsche Regierung mit ihrem über 300 Mio. € dotierten Programm „Neue Medien in der Bildung“ gestartet hat. Damit hat sie die Voraussetzung geschaffen, um Deutschland bei der Bereitstellung von Bildungssoftware entsprechend der Zielsetzung im Aktionsprogramm bis zum Jahr 2001 in eine international führende Position zu bringen.

Erfolge zeigt auch die Bilanz unserer Maßnahmen zu „Frauen ans Netz“ und die gravierend gestiegene Internetbeteiligung von Frauen. Waren 1998 lediglich 30% der Frauen „am Netz“ so sind es 2002 schon 44%. Damit wird das im Aktionsprogramm formulierte Ziel einer gleichberechtigten Teilhabe von Frauen immer mehr verwirklicht. Auch bei der Mobilisierung von Frauen für Ausbildungen in IT- und Medienberufen und für ein Informatikstudium zeigen die absoluten Zahlen positive Entwicklungen. Die Anzahl der weiblichen Auszubildenden hat sich in den vier IT-Berufen – Fachinformatikerin, IT-Systemelektronikerin, IT-Systemkauffrau, Informatikkauffrau – von 1 863 Auszubildenden im Jahr 1998 auf 5 253 im Jahr 2000 fast verdreifacht. Die Zahl der Studienanfängerinnen in Informatikstudiengängen konnte ebenfalls beachtlich gesteigert werden. Sie stieg von 3 757 im Jahre 1998 auf 7 388 im Jahre 2000 und hat sich damit seit dem Regierungswechsel fast verdoppelt.

Um der Gefahr einer digitalen Spaltung unserer Gesellschaft zu begegnen, hat die Bundesregierung eine Demonstrations- und Aufklärungskampagne im Rahmen der Initiative „Internet für alle“ mit verschiedenen Aktionen für Kinder, Seniorinnen und Senioren, Menschen mit Behinderungen und anderen bei der Nutzung der neuen Medien bisher unterrepräsentierten Gruppen gestartet. Ursächlich für den enormen Zuwachs bei der Internetnutzung waren auch das verbraucherfreundliche Preisgefüge und die hervorragende Kommunikationsinfrastruktur in Deutschland. Mit ihrer konsequenten Liberalisierungspolitik im Telekommunikationssektor konnte die Bundesregierung hierzu entscheidend beitragen.

Die im Bündnis für Arbeit, Ausbildung und Wettbewerbsfähigkeit vertretenen Partner haben eine breite Offensive zur umfassenden Erschließung und Förderung aller Qualifikationspotenziale vereinbart. Ziel ist, die Rahmenbedingungen und Chancen für lebensbegleitendes berufliches Lernen deutlich zu verbessern. Unabhängig vom Alter muss jeder Arbeitnehmer beruflich stets auf dem letzten Stand sein. Die Konkretisierung dieser „Qualifizierungsoffensive“ wird die weiteren Arbeiten im Bündnis für Arbeit, Ausbildung und Wettbewerbsfähigkeit dominieren. Die Bundesregierung hat die darin liegenden Herausforderungen angenommen. Mit dem Aktionsprogramm „Schule und Wirtschaft/Förderung von Unternehmergeist“ setzt das Bundesministerium für Wirtschaft und Technologie (BMWi) auf einen verstärkten Dialog zwischen Schule, Hochschule und Wirtschaft.

Wirtschaftliche Zusammenhänge und die Bedingungen für unternehmerische Entscheidungen müssen, so meine ich, bereits in der Schule erlernt werden. Übrigens sehen das die meisten Bürgerinnen und Bürger offenkundig genauso. Nach einer Studie des Mannheimer Instituts für Sozialforschung sind 83% der Befragten der Meinung, dass die Vermittlung wirtschaftlicher Zusammenhänge im Schulunterricht einen höheren Stellenwert erhalten sollte. 84% legen Wert auf berufsorientierten Unterricht; 68% sind für die Einführung eines Pflichtfaches Wirtschaft an weiterführenden Schulen. Die Umfrageergebnisse bestätigen mich in der Forderung, die ökonomische Bildung zu einem selbstverständlichen Teil der Allgemeinbildung vor allem an weiterführenden Schulen zu machen. Nur ist natürlich alle Theorie erst einmal grau. Das Projekt *Junior* ‚Junge Unternehmen initiieren – organisieren – realisieren‘ ist deshalb ein weiterer richtungsweisender Schritt. Unter der Schirmherrschaft des BMWi gründen 10 bis 15 Schüler der Klassen 9 und 10 mit Unterstützung des Institutes der deutschen Wirtschaft Köln und der Deutschen Ausgleichsbank ein auf ein Schuljahr befristetes Miniunternehmen. Im Unterschied zu Planspielen erleben Schüler Wirtschaft hierbei direkt und unmittelbar. Die Schulbank wird zum Chefsessel, von dem die Geschäftsideen, Marketingstrategien und Aktienverkäufe gesteuert werden. Das hat dann gleichzeitig den angenehmen Nebeneffekt, dass die Schüler sozusagen am lebenden Objekt erfahren, warum Schlüsselqualifikationen so heißen. Zur Zeit nehmen 260 Schulen aus 12 Bundesländern mit ca. 3000 Schülern an dem Programm teil. Die ökonomischen Erfahrungen, die diese Schülerinnen und Schüler machen, werden nachwirken; auch im Sinne einer Bewusstseinsbildung, dass Existenzgründung, dass der Weg in die Selbstständigkeit reizvoll und machbar sind. Egal, ob in der Berufsausbildung oder im und nach dem Studium: Wenn die Menschen zur Arbeit oder zur Ausbildung in die Betriebe kommen – wo solche Schlüsselkompetenzen heute selbstverständlich verlangt werden – dann sind bereits die Grundlagen gelegt.

Vieles, was uns lange Zeit selbstverständlich erschienen sein mag – der lebenslange Verbleib in einem Beruf, die Trennung von Arbeitsort und Zuhause, Chef und Angestelltem – vieles davon wird an Bedeutung verlieren. Manch einer hat daraus dann voreilig den Schluss gezogen, auch der Staat würde damit bestenfalls überflüssig, schlimmstenfalls handlungsunfähig werden. Ich denke aber, gerade am Beispiel der Bildung wird deutlich, dass davon nicht die Rede sein kann. Der Staat wird nicht überflüssig. Nur die Rolle des Staates wird sich grundlegend wandeln. Der Bundeskanzler hat das den aktivierenden gegenüber dem versorgenden Staat genannt. Es geht darum, Beteiligungschancen und -formen in der wirtschaftlichen, sozialen und politischen Sphäre zu eröffnen. Aktivierender Staat heißt also, den Menschen nicht nur einen Rettungsring zuzuwerfen oder ihnen das Schwimmen beizubringen. Es heißt, sie zu ermuntern, sich sozusagen an der Gestaltung des Schwimmbades zu beteiligen.

Benjamin Britten sagte: „Lernen ist wie Rudern gegen den Strom – wer aufhört, fällt zurück.“

*Erwin Staudt*

# Strategien auf dem Weg in die Wissensgesellschaft

## 1. Der Begriff der Wissensgesellschaft

Der Begriff der „Wissensgesellschaft“ wurde bereits in den 60er und 70er Jahren geprägt, als staatliche und industrielle Forschungsaktivitäten in bis dahin ungekanntem Maße zunahmen. Damals wurde die Wissensbasierung moderner Gesellschaften hauptsächlich auf das Wissenschafts- und Bildungssystem zurückgeführt. Heute hingegen leben wir in einer Welt, in der alle Funktionsbereiche der Gesellschaft – der wirtschaftliche und politische genau so wie der kulturelle und rechtliche – immense Mengen an Wissen produzieren. Sie alle bewältigen täglich wachsende Datenfluten und machen sie für ihre Zwecke nutzbar, indem sie Informationen in relevantes Wissen verwandeln.

Im Gegensatz zu dem Begriff der Industriegesellschaft kommt in der Bezeichnung „Wissensgesellschaft“ nicht nur zum Ausdruck, dass sich die wertschöpfende Tätigkeit von der Hand- zur Kopfarbeit verlagert hat. Denn auch in der industriellen Gesellschaft – etwa bei der Entstehung der Elektro- oder Chemiebranche – hat die Kopfarbeit zweifellos eine übergeordnete Rolle gespielt. In der Wissensgesellschaft kommt außer dieser Tätigkeitsverlagerung auch zum Ausdruck, dass sich mit dem Zeitalter der Digitalisierung ein Wissensfluss entladen hat, den es vorher in diesem Ausmaß nicht gegeben hat. Dieser Wissensfluss – getragen durch die Querschnittstechnologie des Internet – dominiert die charakteristischen Funktionsweisen der heutigen Gesellschaft in einer Weise, die die Benennung des momentanen gesellschaftlichen Lebensabschnitts durchaus rechtfertigt.

Die Wissensabhängigkeit unserer Gesellschaftsfunktionen wirft etliche Fragen auf – zum Beispiel die, wie sich das technologische Fundament der Wissensgesellschaft gestaltet und weiter entwickelt. Oder welche Implikationen sich für den privaten Bereich sowie den öffentlichen Bereich ergeben. Auch die Arbeitswelt erfährt eine Umorientierung – und zwar dahin gehend, dass der Wissensarbeiter – das Sinnbild des intelligenten Kopfarbeiters – zur Norm erklärt wird. Das wiederum hat Auswirkungen auf die Anforderungen an unser Bildungssystem heute.

Welches also sind die erfolgsversprechenden Strategien, um im wissensbasierten Wettbewerb – auch international – bestehen zu können? Dieser Beitrag wird aufzeigen, dass es in der Wissensgesellschaft vor allem auf zwei Dinge ankommt: Erstens, die Fähigkeit zur Veränderung. Das gilt für alle Akteure der Gesellschaft gleichermaßen – ob Staat, Unternehmen oder Individuum. Und zweitens, die Fähigkeit, diese Veränderungskompetenz technologisch umzusetzen. Wir müssen die anhaltende Technologisierung als Chance begreifen, gesellschaftlichen Wandel und Weiterentwicklung als festes Prinzip in unserem System zu etablieren. Nur so können wir die Gesellschaft von morgen aktiv mitgestalten.

## 2. Das technologische Fundament

So wie der Buchdruck 1447 gesellschaftliche Veränderungen angestoßen hat – man denke an die rasche Ausbreitung der Reformation, so läutete der Beginn des digitalen Zeitalters eine zweite Medienrevolution ein. Sie birgt im Gegensatz zur Gutenbergschen Medienrevolution mehr als nur das Potenzial, einer größeren Anzahl von Menschen die gleichen Informationen zugänglich zu machen. Ihre eigentliche Brisanz liegt darin begründet, dass sie den weichen Faktor „Wissen“ auf der Basis von neuen Technologien in handfeste Wettbewerbsvorteile ummünzt.

Allein die Menge der speicherbaren und verarbeiteten Daten hat 1945 mit der Erfindung des ersten Elektronenrechners, ENIAC, eine neue Größendimension erreicht: Wissenschaftlichen Schätzungen zufolge konnte mit der Inbetriebnahme von ENIAC rund ein Hundertfaches an Informationen erzeugt und gespeichert werden als in der gesamten Kulturgeschichte der Menschheit zuvor. Inzwischen verdoppelt sich die Anzahl der weltweit verfügbaren Informationen, so will es der amerikanische Zukunftsforscher Graham Molitor ausgerechnet haben, im Abstand von nur zwei Jahren. Basis und Katalysator für diese Informations- und Wissensexplosion sind die Informationstechnologien und das Internet. Sie durchdringen alle Bereiche des Lebens – und zwar als Querschnittstechnologien, die für die Informationsgesellschaft eine ähnliche Bedeutung haben wie sie die Verfügbarkeit von elektrischem Strom für die Ausbreitung der Industriegesellschaft hatte. Mit Hilfe der Informationstechnologie und den neuen Medien werden Informationen und Wissen weltweit generiert und verbreitet. Sie vernetzen Menschen, Märkte und Organisationen in einem Maße, wie es vor kaum mehr als einem Jahrzehnt noch unvorstellbar war.

Die Entwicklung der Informationstechnologie setzt sich mit rasanter Geschwindigkeit fort. Mikroprozessoren werden stetig kleiner, leistungsfähiger und billiger. Das 1965 von Gordon Moore formulierte Mooresche Gesetz ist immer noch gültig. Die Rechenkapazität von Rechnern verdoppelt sich alle 18 Monate. Im gleichen Zeitraum vervierfacht sich die Kapazität von Speicherchips. Ein fingernagelgroßer Halbleiterchip kann heute den gesamten Text des 24-bändigen Brockhaus speichern; vor 18 Jahren reichte die Speicherkapazität eines Chips gerade für vier Seiten Text aus. Und ein Ende der Gültigkeit der Mooreschen Gesetzes ist nach der Ansicht seines Urhebers vor dem Jahr 2020 keinesfalls absehbar.

Das Internet – dies zumindest scheint absehbar – stellt in der Form, wie wir es heute kennen, nur einen Prototyp dar. Computerspezialisten sprechen längst vom Next Generation Internet, bei dem allerorts vorhandene Hochgeschwindigkeitsverbindungen dafür sorgen, dass Millionen von Menschen über Dutzende von webfähigen Endgeräten miteinander in Verbindung treten. Das allgegenwärtige („ubiquitous") Computing bezeichnet Szenarien, bei denen der Kühlschrank dem automatischen Liefersystem diktiert, beim elektronisch angebundenen Händler Milch nachzukaufen. Mobile Endgeräte werden sich unter Ausnutzung der möglichen Bandbreitenkapazitäten in leistungsstarke, multifunktionale Rechner verwandeln, mit denen ihre Benutzer von der Terminorganisation über das E-Mailen, Fernsehen, und Fotografieren bis zum Telefonieren alles abwickeln können, was sie täglich an Informationen beschäftigt.

Rechner an sich werden wesentlich komfortabler zu handhaben sein. Autonome Computer, die ihre Schwachstellen ähnlich wie das vegetative Nervensystem selbst analysieren und reparieren, werden dann nicht mehr zu den Messeneuheiten zählen, sondern zum status quo gehören. Das Grid Computing wird sich heraus aus der Forschungsecke hinein in kommerzielle Gefilde trauen. Die durch das Grid ermöglichte virtuelle Zusammenlegung von Rechnern, Kapazitäten und Anwendungen, die es beispielsweise geografisch getrennten Labors ermöglicht, gemeinsam an drängenden Menschheitsfragen wie der Erforschung von Alzheimer oder der Entschlüsselung des Proteoms zu forschen, wird die Basis dafür bieten, dass beim „e-business on demand"-Modell Kunden ihre IT-Leistungen spontan über das Netz beziehen und ähnlich wie Strom oder Wasser nach Verbrauch abrechnen können.

Der Kreativität im Bezug auf die Anwendungs- und Entwicklungsmöglichkeiten der Informationstechnologie sind keine Grenzen gesetzt. Die Internet-Revolution, die viele beim Zerplatzen der Dotcom-Seifenblase voreilig für tot erklärt hatten, steht erst am Anfang.

## 3. Die Transformation von Wirtschaft und Staat

Unser Wirtschaften stützt sich zweifellos von jeher auf Wissen. In der Wissensgesellschaft, deren technologische Vernetzung kontinuierlich voranschreitet, wird Wissen jedoch zum treibenden Faktor wirtschaftlicher Produktivität. Die wissensbasierte Tätigkeit – ermächtigt durch ein orts- und zeitunabhängiges Informationsnetzwerk – ist gleichsam Motor einer tiefgreifenden Transformation unserer Märkte.

Das Internet bringt spezifische Marktstrukturen mit sich, bei deren Charakterisierung die Präposition „inter" den Vernetzungsaspekt des Mediums wiederspiegelt. Die Kommunikation über das Web kann *inter*aktiv erfolgen. Sie ist *inter*medial, da sie die Nutzung unterschiedlichster Medien einschließt. Das Netz ist außerdem *inter*national und ermöglicht *inter*organisationale Kooperationen: Strategische Allianzen produzieren virtuelle Teams, die sich für die Arbeit an übergreifenden Projekten aus Mitarbeitern der unterschiedlichen Unternehmen und Institutionen zusammensetzen. Die Internet-gestützte Kommunikation kann zwischen allen Teilnehmern des Marktes – Anbietern und Käufern, Unternehmen jeder Größenordnung, staatlichen wie privaten Institutionen – zeit- und ortsunabhängig, nahezu grenzenlos, stattfinden.

Die neuen Kooperationsfelder des Internet beschränken sich längst nicht mehr wie die Anfänge virtueller Marktplätze auf den Business-to-Business-Bereich. Auch in den Bereichen Business-to-Consumer, Business-to-Government und Business-to-Employee kommen die Möglichkeiten der Vernetzung zum Tragen. Der beste „Return on Investment" wird erreicht, wenn das Internet als Kommunikationsmedium intelligent in solchen Bereichen eingesetzt wird, in denen ein Informations- und Wissensaustausch nicht nur sinnvoll erscheint, sondern sich auch gewinnbringend auswirkt – wenn also letztendlich ein unternehmerischer Vorteil daraus erwächst. Schließlich ermöglicht das digitale Netz, das in seiner Struktur dezentral angelegt ist, eine reibungslosere Steuerung von Input-Output-Strömen zwischen Lieferanten, Produzenten und Abnehmern; eine enge Kooperation zwischen Forschung und Entwicklung; den Transfer von Geldern zwischen Investoren und den Finanzmärkten und stellt einen direkten Draht zwischen der Industrie, Bürgern und staatlichen Institutionen wie Finanzbehörden, Verbänden, Patent- oder Einwohnermeldeämtern her.

Schon Anfang der 90er hat der Managementtheoretiker Peter Drucker behauptet, dass diejenigen Gesellschaften den internationalen Wettbewerb erfolgreich meistern werden, die die größten Fähigkeiten hätten, Informationen in relevantes Wissen umzuwandeln. In Studien glauben Forscher sogar einen direkten Zusammenhang zwischen der sinnvollen Erschließung bzw. Nutzung unseres Wissens und der ökonomischen Wertschöpfung nachgewiesen zu haben. So prognostiziert ein führendes Marktforschungsinstitut, die Fortune 500 Unternehmen würden bis 2005 ein Wissensdefizit im Gegenwert von 31,5 Mrd. US-Dollar ansammeln – und zwar allein aufgrund ineffektiver Prozesse, vermeidbarer Kosten unsinniger intellektueller Mehrarbeit, unterdurchschnittlicher Leistungserbringung und des unzureichenden Zugangs zu wesentlichen Informationsquellen.

Wissen hat sich inzwischen in Managementkreisen zum ernstzunehmenden strategischen Faktor gemausert mit maßgeblichem Einfluss auf den wirtschaftlichen Erfolg oder Misserfolg von Organisationen. Das Management des Wissens – auf neudeutsch auch Knowledge Management genannt – hat sich vom Buzzwort zum gemeinen Gedankengut entwickelt. Wie viel effektiver ist es für einen Unternehmer, die Experten rund um bestimmte Themen per Wissensmanagement in einen stetigen Austausch zu involvieren, anstatt Wissenssilos aus den Köpfen einzelner Mitarbeiter zu züchten. Das hat IBM beispielsweise während der frühen 90er Jahre erkennen müssen. Paul Horn brachte als neuer Direktor im Entwicklungsbereich damals frischen Wind in die elfenbeinernen Forschungstürme, indem er veranlasste, dass IBM Forscher von da an Produkte von der Erfindung der Technologie über die Produktentwicklung bis zur Fertigstellung und Lieferung an den Kunden begleiteten. Heute haben so gut wie alle IBM Produkte, die in den Labors erfunden werden, ihren Ursprung im direkten Dialog mit dem Kunden.

Auch die Kundenbeziehungen definiert der Marktplatz Internet neu. Die Kundenbindung kann heute über entsprechend gestaltete Internetseiten zielgerichtet kanalisiert und in Form von Wissen wiederum den Vertriebsteams der Firmen zur Verfügung gestellt werden. Die Wünsche des Kunden rücken also dank des Informationsmanagements im Netz noch stärker in das Zentrum von Anbieterüberlegungen und beschleunigen den Wandel vom Verkäufer- zum Käufermarkt. Kundenprofile, die aufgrund vorhergehender Bestellungen eines Abnehmers erstellt werden, stellen wertvolles Spezialwissen dar, das einen individualisierten Service des Anbieters ermöglicht. Je gezielter ein Anbieter vorhandene Kundeninformationen auswertet, desto besser kann er schon vor einem Produktlaunch abschätzen, ob bestimmte Produkte oder Dienstleistungen bei seinen Zielgruppen auf die gewünschte Resonanz stoßen werden.

Der Nutzwert des Online-Angebots für den Kunden spielt dabei eine tragende Rolle. Ob eine Webseite die wichtigsten Informationen auf einen Blick bietet (die 3-Klick-Regel besagt, dass ein Interessent maximal 3 Klicks brauchen sollte, um zu den gewünschten Informationen zu gelangen), entscheidet oft in Sekunden über den Gewinn oder Verlust eines Neukunden. Und Zusatzleistungen, wie sie moderne Portallösungen beispielsweise im Automobilbereich bieten, können die Attraktivität eines Angebots massiv erhöhen. So bieten beispielsweise Automobilhändler zusätzlich zu aktuellen Produktinformationen im Netz und der Möglichkeit, sein Traumauto virtuell vorzukonfigurieren, ihren Kunden über die Homepage vermehrt Zusatzservices an, die diese direkt im Anschluss an den Autokauf in Anspruch nehmen können: den Abschluss der Fahrzeugversicherung, das Beantragen der Zulassungswunschnummer oder die Überführung des Wagens.

Natürlich profitieren auch die Kunden vom reichhaltigen Informationsangebot im Netz. Gut informierte Kunden sind kritischere Käufer. Dadurch steigen die Ansprüche der Konsumenten an das Marktangebot und die Messlatte für das Erringen von Wettbewerbsvorteilen auf Seiten der Anbieter wird höher gehängt. Während der klassische Wettbewerbsvorteil einst darin bestand, dass ein Anbieter das preiswerteste Angebot oder die schnellste Lieferzeit auf dem Markt erbringen konnte, ist heute eine Kombination verschiedenster Wettbewerbsfaktoren gefragt. Der clevere Käufer stellt auch bei günstigen Preisen hohe Ansprüche an Qualität, Service, Varietät und Funktionalität des Produkts. Und bevor er sich zum Kauf entschließt, konsultiert er schnell noch die aktuellen Online-Produktrezensionen anderer Internet-Konsumenten. Das Web ermöglicht eben Transparenz auf allen Seiten.

Ähnlich wie das Internet beim Handel den Fokus vom Käufer zum Verkäufer verschiebt, wird sich der öffentliche Sektor auf einen Perspektivenwechsel in Richtung Bürger einlassen müssen. Bis zur vollständigen Transformation der öffentlichen Ämter in digitale, wissensbasierte Dienstleistungseinrichtungen ist es momentan noch ein weiter Weg – trotz des von Marktanalysten prognostizierten Einsparungspotenzials von mindestens 5 Mrd. €, das ein elektronisches Beschaffungswesen herbeiführen könnte. Bislang dominiert in der elektronischen Verwaltung – bei Bund, Ländern wie Kommunen – das Bestreben zu informieren. Hingegen ist es bislang kaum möglich, Formulare in direkter Verbindung mit dem zuständigen Amt über das Netz auszufüllen oder einen vollständig interaktiven Austausch – ähnlich dem zwischen Kunde und Anbieter beim E-Commerce, der auch elektronische Sachtransaktionen einschließt – zu ermöglichen. Selbst die weltweit führenden digitalen Bürgerdienste haben erst 60% des heute möglichen Potenzials des E-Government ausgeschöpft, wie die Bertelsmann Stiftung in einer aktuellen Studie feststellt. Die vollständige technologiegestützte Nutzung von Wissen im Beziehungsgeflecht Staat und Bürger ist also nach wie vor Zukunftsvision.

Technische Machbarkeit und eine gesicherte Finanzierung sind natürlich wichtige Vorraussetzungen. Dennoch: Ehe der Wandel zur Wissensgesellschaft sich nicht auch im Charakter der bisherigen Verwaltungskultur bemerkbar macht, werden Online-Verwaltungen erfolglos bleiben. Um die ständig wechselnden Informationsansprüche der Bürger befriedigen zu können, muss unsere öffentliche Verwaltung den alten Amtsmuff abstreifen. Zu einem schlanken, flexiblen Staat gehören kurze Kommunikationswege, flache Hierarchien und gezielte Projektarbeit. Wirtschaft und Politik sollten gemeinsam darauf hinarbeiten, staatliche Bürokratien in effiziente und transparente Online-Dienstleistungseinrichtungen zu verwandeln. Denn E-Government bedeutet in letzter Konsequenz: Der Bürger muss zum Kunden und der Beamte zum Dienstleister werden.

Die Tatsache, dass Politik und Wirtschaft in Zeiten des Wandels in hohem Maße wissensabhängig sind, hat drei grundlegende Auswirkungen auf die Funktionsweisen der Wirtschaft und des öffentlichen Lebens: Erstens, unser gesellschaftliches Beziehungsgeflecht erweitert sich um eine virtuelle, globale Komponente: Wissen wird in vernetzten Strukturen weitergegeben und überwindet so traditionelle organisatorische, geografische und kulturelle Grenzen. Zweitens, die gezielte Steuerung von Informationen und Wissen steigert die Effektivität privater und öffentlicher Abläufe. Der verbesserte

Umgang mit Information und Wissen tritt sowohl in Wirtschaftsunternehmen und Verwaltungen als auch in anderen Institutionen als wichtiges Element der Wertschöpfung hervor. Und drittens, die wahrscheinlich wichtigste Auswirkung: Die wissensbasierte Arbeit verschiedenster Organisationen ermöglicht es den Individuen der Gesellschaft, konstruktiv mit dem Phänomen des Wandels umzugehen.

## 4. Die Vorraussetzungen intelligenter Wissensarbeit

Der Umbau der Unternehmen und Organisationen von tayloristischen hin zu intelligenten Unternehmen bringt tiefgreifende Veränderungen der Arbeitswelt mit sich. Die repetitive und intellektuell meist anspruchslose Arbeit am Fließband in der Industriegesellschaft weicht der Wissensarbeit, deren Zweck anstatt in der Umformung von Material und Verwendung von Rohstoffen in der intelligenten Verarbeitung von Informationen und Wissenselementen besteht.

Noch 1986 hatte ein Mitarbeiter einen Großteil des Wissens, das er für seinen Beruf benötigte, im Kopf. Heute besteht die Herausforderung des Wissensarbeiters nicht mehr darin, Informationen möglichst umfassend und permanent zu speichern, sondern sich stattdessen verfügbares Wissen aus einer Kombination verschiedenster Quellen bei Bedarf rasch anzueignen. Zu wissen, wie er die für seine aktuelle Aufgabe nötigen Informationen bekommt, ist unter Umständen wichtiger, als sie selbst zu besitzen. Deshalb arbeitet derjenige Mitarbeiter am effektivsten, der die richtigen – nämlich die für seine Aufgaben relevanten – Fragen stellt.

Der moderne Kopfarbeiter ist gut beraten, sich ein Netzwerk von Partnern, Kollegen – also personalen Wissensquellen, und schriftlichen Quellen wie Publikationen, Datenbanken und dem Internet aufzubauen. Einzelleistungen treten in den Hintergrund. Stattdessen ist die Fähigkeit in Teams zu arbeiten eine der Hauptqualifikationen für die Arbeit in der Wissensgesellschaft – und zwar nicht nur auf der persönlichen Ebene („face-to-face"), sondern auch auf der virtuellen Ebene. Prinzipiell können sich die Mitglieder dieser neuen Klasse autonomer Wissensarbeiter frei aussuchen, von welchem Land aus sie ihre Arbeitskraft zur Verfügung stellen möchten. Deshalb rücken Sozialkompetenz und Kommunikationsfähigkeit in den Vordergrund. Schließlich erfordert die relative Autonomie in Bezug auf den Arbeitsplatz, dass sie nahtlos über Landes-, Organisations- und Abteilungsgrenzen hinweg kommunizieren können. Indem er diese Kommunikationsfähigkeit und die Bereitschaft sich Wissen anzueignen auch technologisch umsetzt, verstärkt der Wissensarbeiter seine Arbeitskraft. Das Instrument dafür, den permanenten Wandel zu leben, ist die Medienkompetenz – also die Fähigkeit des Einzelnen, Informationstechnologie für die wissensbasierte Arbeit zu nutzen. Das primäre Handwerkszeug des Wissensarbeiters sind sein PC oder andere internetfähige Endgeräte und ein schneller Internetzugang. Nur so kann er sich zielgenau, rasch und aktuell das Wissen erschließen, welches es ihm ermöglicht, seine Aufgaben zu erfüllen.

Das bedeutet gleichzeitig, dass derjenige am besten ausgebildet ist, der sich kontinuierlich in Richtung der konstant wechselnden Aufgaben im Berufsleben umprogrammieren kann. Diese Art von Veränderungskompetenz erfordert es aber auch vom Arbeitgeber, Denken außerhalb vorgegebener Strukturen und eine größere Autonomie des Arbeitnehmers zu zulassen. Sie bedeutet eine Zunahme der individuellen Gestaltungsfreiheit und Verantwortung des Einzelnen auf Kosten des inzwischen veralteten Herrschaftsanspruchs des Managements.

Der versierte Umgang mit den neuen Technologien bietet die Grundvoraussetzung dafür, sich ein Leben lang weiter zu bilden. Medienkompetenz wird gleichermaßen zur vierten Kulturtechnik unserer Gesellschaft. Das Prinzip des lebenslangen Lernens in unserer Gesellschaft können wir jedoch nur etablieren, wenn wir schon in der Schule damit anfangen. Medienkompetenz muss endlich fester Bestandteil des Fächerkanons werden. Es kann kein bloßer Zufall sein, dass ausgerechnet die Bildungssysteme der Länder im OECD-Vergleich am besten abschnitten, in denen die Internet-Nutzung seit Jahren fester Bestandteil des Schulunterrichts ist: Finnland, Japan, Südkorea und Australien.

Wie könnte ein Bildungssystem aussehen, das den Anforderungen der Wissensgesellschaft, die auf der schnellen und akkuraten Verarbeitung von Informationen zu Wissen basiert, gerecht wird? Es müsste zunächst einmal mit der verblendeten Vorstellung aufräumen, dass die Phase des Lernens und sich Weiterbildens mit dem Erhalt des Diplom abgeschlossen ist. Um ein erfülltes Berufsleben genießen zu können, welches längst nicht mehr darin besteht, ein Leben lang beim gleichen Arbeitgeber angestellt zu sein, ist es notwendig, dass schon in der Schule der Grundstein für das lebenslange Lernen gelehrt wird. Dazu gehört eben auch, dass die Fähigkeiten, die der Wissensarbeiter später im Beruf benötigt, schon in der Schule gelehrt werden – also die Fähigkeit, vernetzt zu denken, projektbezogen im Team zu arbeiten und dabei die neuen Medien zur Erschließung von Wissen einzusetzen. Bund und Länder müssen zu diesem Zweck den Einsatz von technologiegestütztem Lernen („E-Learning") im Unterricht fördern.

Wir müssen außerdem endlich nationale Bildungsstandards definieren, die sich mit den Bildungsstandards der PISA-„Gewinner" vergleichen lassen. Dabei kommt es nicht nur darauf an, Zielvorstellungen oder Idealwerte zu formulieren, sondern es kommt vor allem auf die konsequente Umsetzung dieser Bildungsstandards an. Qualitätsvergleiche zwischen einzelnen Bildungsinstitutionen müssen nicht nur erlaubt sein; sie müssen erwünscht sein und fest institutionalisiert werden. Die Bildungsinstitutionen müssen sich endlich dem

Wettbewerb stellen. Unternehmen und Politik müssen es sich zum gemeinsamen Ziel machen, das Bildungssystem insgesamt wirtschaftsnäher zu gestalten. Wenn sich die Bildungs- und Ausbildungswege in Deutschland nicht am aktuellen bzw. abzusehenden Bedarf auf dem Arbeitsmarkt orientieren, wie soll sich der Wirtschaftsstandort Deutschland dann mitten im vielbeschworenen „war of talents" international behaupten können?

Das Thema Bildung muss wieder die oberste Priorität auf unserer gesellschaftlichen Agenda einnehmen. Wer bei der Investition in unser Bildungssystem spart, trifft letztendlich eine Entscheidung gegen die Zukunft unserer Gesellschaft. Wir müssen unseren Kindern den sogenannten Bildungskanon des Abendlandes beibringen – und damit die Fähigkeit, Informationen in Wissen umzuwandeln. Wir müssen sie ergänzend mit dem Umgang der neuen Technologien vertraut machen. Schließlich werden unsere Kinder nicht nur Konkurrenz auf dem Arbeitsmarkt aus dem eigenen Land haben, sondern aus allen Teilen der Welt – und die haben das schon verstanden.

## 5. Leben in der Wissensgesellschaft

Seit den 60er Jahren haben Ökonomen wiederholt auf die Bedeutung des Wissens für die Wirtschaftskraft von Ländern hingewiesen. Das Internet hat diese Bedeutung noch verstärkt, denn auf der technologischen Basis des „Information Super Highway" wurden Informationen in bisher nie erreichter Geschwindigkeit zum allgemein zugänglichen Massengut. Diese Aussage veranschaulichend, haben kluge Köpfe errechnet, dass das Telefon nach 55 Jahren 50 Millionen Benutzer hatte. Beim Radio dauerte es nur 38 Jahre, bis diese kritische Masse erreicht wurde; beim Fernsehen gerade noch 13 Jahre. Das Internet aber überschritt die 50-Millionen-Marke nach sensationellen drei Jahren.

Nichtsdestotrotz müssen wir uns darüber im Klaren sein, dass der demokratische Charakter dieses Mediums nur dann gewahrt werden kann, wenn wir aktiv eine digitale Spaltung der Bevölkerung in „User" und „Loser" verhindern. Der Zugang zum Netz muss jedermann – ob arm oder reich, alt oder jung – möglich sein. Um den gleichberechtigten Zugang zu Wissen sicher zu stellen, haben sich in der Initiative D21, die mittlerweile die größte Public-Private-Partnerschaft in Deutschland ist, über 300 Institutionen zusammengefunden. Gemeinsam haben die Mitglieder in den letzten drei Jahren dazu beigetragen, dass seit Herbst 2001 alle Schulen in Deutschland mit einem Internetzugang ausgestattet sind (zu Beginn der Initiative im Jahr 1998 waren es lediglich 15%); und dass heute rund 40% aller Deutschen über 14 Jahren über einen Online-Anschluss verfügen. Dieses sind die ersten Schritte auf dem Weg dahin, Deutschland fit zu machen auf dem Weg in die Informations-

und Wissensgesellschaft. Noch gibt es viel zu tun, wenn wir dieses Ziel erreichen wollen.

Leben in der Wissensgesellschaft – das bedeutet: Schnell handlungsfähig und reaktionsfähig zu sein in einer Zeit, die sich durch permanenten Wandel auszeichnet, durch ein Verschwimmen aller Formen von Grenzen, durch inter- und subnationale Zusammenarbeit und durch eine Wirtschaft, die schon lange nicht mehr nach nationalen Märkten fragt. Es bedeutet für die Regierenden: Über Grenzen hinweg zu denken, nicht mehr zu fragen „Wie hole ich einige Großkonzerne in mein Land, damit sie dort Produktionsstätten hinstellen und Arbeitsplätze bringen?“, sondern „Wie baue ich ein Bildungssystem auf, das jeden einzelnen Bürger für die Wissensgesellschaft optimal vorbereitet und wie gestalte ich das gesellschaftliche Umfeld, damit die besten Köpfe in meinem Land leben wollen?“. Es bedeutet für den Unternehmer, sein Unternehmen schnellstmöglich in ein intelligentes Unternehmen zu transformieren und eine optimale Arbeitsumgebung für seine Mitarbeiter zu schaffen, damit sie in Teams von Wissensarbeitern in kreativer Umgebung intelligente Produkte entwickeln können. Und es bedeutet für jeden Einzelnen in der Gesellschaft: Offen zu sein, schnell und jederzeit aufnahmebereit. Zu lernen in Netzwerken zu denken und zu arbeiten. Zu erkennen, dass lebenslanges Lernen der Schlüssel zur persönlichen und beruflichen Zufriedenheit ist.

*Hans Martin Bury*

# Von der New Economy zu nachhaltigem Wachstum

## 1. Die New Economy als Innovationsmotor

Als Börsenchef Werner G. Seiffert am 10. März 1997 den Startschuß für den Neuen Markt gab, ahnten nur wenige, wie dieses neue Börsensegment die deutsche Wirtschaft verändern sollte. Nach dem Vorbild ausländischer Technologiebörsen schuf die Deutsche Börse ein spezielles Segment für junge Wachstums- und Hightech-Unternehmen. Vorbild war die US-amerikanische NASDAQ, die in den 90er Jahren maßgeblich zum amerikanischen Wirtschaftsboom beigetragen hatte. Hier hatten die innovativen Technologie-Firmen aus dem Silicon Valley risikobereite Investoren gefunden, die ihr Wachstum finanzierten.

An Skeptikern hatte es zuvor nicht gemangelt, die bezweifelten, dass Deutschland reif war für ein solches Marktsegment für Technologieunternehmen. Schließlich steckte die deutsche Wirtschaft damals tief im Innovationsstau, der notwendige Strukturwandel kam nur stockend in Gang. Unternehmensgründungen waren selten, weil Deutschlands Bildungssystem zwar hochqualifizierte Naturwissenschaftler, Ökonomen und Ingenieure ausbildete, aber keine Lust auf unternehmerische Selbständigkeit weckte. Und schließlich galt Deutschland mit Recht als Aktienentwicklungsland. Die Börsenkapitalisierung dümpelte weit entfernt von den Werten anderer Industrienationen auf dem Niveau eines Schwellenlandes. Börsengänge waren eine Seltenheit, und die deutschen Anleger zahlten ihr Geld lieber zu mickrigen Zinsen auf ihr Banksparbuch oder in die Lebensversicherung ein, als es in Aktien zu investieren.

Doch der Erfolg widerlegte alle Zweifler. Binnen zwei Jahren wurde der Neue Markt das dynamischste Börsensegment Europas. Nirgendwo sonst drängten so viele junge Wachstumsfirmen an die Börse, nirgendwo sonst erlebten die Börsianer ein solches Kursfeuerwerk. Zum dritten Jahrestag des Neuen Marktes belief sich die Marktkapitalisierung der 226 dort notierten Gesellschaften auf gigantische 240 Mrd. Euro.

Die Unternehmen, die den Sprung an den Neuen Markt wagten, waren die Firmen, die in Deutschland viele Jahre vermisst wurden. Innovative Start-ups aus der Kommunikations- und Technologiebranche, Software-

Hersteller, Hardware-Produzenten und Internet-Provider ebenso wie Biotechnologieunternehmen und Dienstleistungsfirmen. So war die Gründung des Neuen Marktes nicht nur der Startschuss für ein neues Börsensegment, sondern zugleich die Geburtsstunde der sogenannten New Economy in Deutschland.

Gut fünf Jahre zuvor war der Begriff in den USA als Label für die jungen Wachstumsfirmen der Informations- und Kommunikationsbranche kreiert worden. Und auch in Deutschland waren es Unternehmen aus diesen Branchen, denen das Hauptaugenmerk des öffentlichen Interesses an dem Phänomen New Economy galt. Dabei war die New Economy in Deutschland von Anfang an mehr als ein smarter Sammelbegriff für junge Telekommunikations-, Computer- und Internetfirmen. Die New Economy war zugleich Synonym für den Abschied von der traditionellen Deutschland AG, in der die großen Industrie- und Dienstleistungsunternehmen, Banken und Versicherungen die Märkte verteilten. Hier entstand die deutsche Variante der berühmten amerikanischen Garagenfirmen, gegründet und gemanagt von unternehmungslustigen, kreativen und zumeist jungen Frauen und Männern, die ihre unternehmerische Chance in den boomenden Wachstumsmärkten suchten. In Deutschland brach damit eine neue Gründerzeit an, die bis heute anhält. Selbst in der schwierigen Phase nach dem 11. September hatten wir einen positiven Gründungssaldo, obwohl die Zahl der Insolvenzen konjunkturell bedingt anstieg. Ein wichtiger Beleg für die ungebrochene und robuste Gründungsdynamik in Deutschland.

Erst der Neue Markt schuf die Plattform für die Wachstumsfinanzierung dieser Unternehmen, hier fanden sie risikobereite Investoren, Venture-Capital-Fonds und Beteiligungsgesellschaften, die ihnen das zum Wachstum notwendige Kapital zur Verfügung stellten. Und mit diesem Kapital schufen die Manager dieser Unternehmen nicht nur virtuelle Werte, sondern auch eine Vielzahl neuer Arbeitsplätze. Die New Economy wurde zur Jobmaschine. Zwischen März 2000 und Juli 2001 verdoppelte sich die Zahl der bei den Unternehmen des Neuen Marktes Beschäftigten von 93.000 auf 186.000. Im selben Zeitraum war die Zahl der dort gelisteten Gesellschaften von 239 auf 342 angewachsen.

Drei Jahre lang freuten sich Anleger und Unternehmen gleichermaßen über die nicht enden wollende Hausse, dann begann der Abstieg. Am 15. September 2000, gerade mal ein Jahr nach ihrer Erstnotiz, beantragte der „Multi-Service-Provider" Gigabell als erstes Unternehmen des Neuen Marktes Insolvenz. Zum Jahresende 2000 führte die Zahlungsunfähigkeit von Letsbuyit.com zu neuen Kurseinbrüchen. Von da an gab es kein Halten mehr, die Kurse am Neuen Markt brachen flächendeckend ein. Neben konjunkturellen Gründen waren die Ursachen bei vielen Unternehmen hausgemacht: Häufig hinkten die realen Ergebnisse weit hinter den großen Versprechungen oder Hoffnungen zurück, andere hatten Schwierigkeiten, das exorbitante Unternehmenswachstum in den Griff zu bekommen, oftmals verspekulierten sich die Manager auch bei waghalsigen Expansionsstrategien und nicht selten traf man auch auf schlichtes Mismanagement.

Heute weckt der Begriff New Economy in Deutschland Ressentiments. Statt Kaufempfehlungen liest man jetzt Nachrufe auf die Firmen der New Economy, aus den einst gefeierten Galionsfiguren der Branche wurden „Prügelknaben der Nation“, wie Pixelpark-Chef Paulus Neef bitter konstatiert. Auf die unreflektierte Dot.com-Euphorie folgte die nicht minder pauschale Dot.gone-Häme.

Einige Firmen der New Economy sind inzwischen vom Markt verschwunden, andere kämpfen um ihre Existenz. Ein großer Teil der profitablen und perspektivisch interessantesten Geschäftsfelder sind hingegen längst von etablierten Unternehmen aus traditionellen Branchen übernommen wurden. Anlaufkosten und temporäre Verluste, deren Volumen die kleinen Internetfirmen der New Economy vom Markt gefegt hätten, verrechnen sie mit Gewinnen aus anderen Unternehmenssegmenten. Und auch für zahlreiche IT-Spezialisten und Tüftler war der Niedergang ihrer Firma keineswegs das berufliche Aus, sondern das Sprungbrett zu neuen beruflichen Ufern in einem der Traditionsunternehmen. Die Übernahme von Köpfen, Ideen und Knowhow aus den New Economy-Firmen in die traditionellen Unternehmen bestätigt, dass die von Medien und Analysten verbreitete These einer vermeintlichen Spaltung der Wirtschaft in eine zukunftstaugliche „New“ und eine veraltete „Old“ Economy ohnehin eine Fiktion war. Die Stärke der deutschen Wirtschaft lag immer in der Fähigkeit, traditionelle Strukturen mit neuen innovativen Technologien und Arbeitsformen zu verbinden. Die Integration der New Economy in die One Economy unserer Tage bestätigt, dass die deutschen Unternehmen diese Fähigkeit nicht verloren haben. Auch aus dieser Erkenntnis speist sich zu einem nicht unerheblichen Teil der Optimismus, mit dem unabhängige Wirtschaftsforscher die wirtschaftlichen Potenziale der deutschen Wirtschaft bewerten.

## 2. Herausforderungen annehmen

Gerade mal drei Jahre währte die Blüte der New Economy in Deutschland, und doch hat sie das deutsche Wirtschaftsgefüge nachhaltig verändert. Auch wenn das Label New Economy heute out ist, das von ihr geweckte innovative Potenzial lebt auf vielfache Weise fort. Insbesondere das Bewusstsein über die Fähigkeit der deutschen Wirtschaft zum radikalen Strukturwandel. In der lähmenden Standortdebatte der 90er Jahre war beinahe untergegangen, über welch innovatives Potenzial wir hierzulande verfügen. In einer von Interessengruppen instrumentalisierten Debatte wetteiferten damals hauptamtliche und selbsternannte Experten darum, wer die deutsche Wirtschaft am wirkungsvollsten schlecht redete. Dass diese Phase 1998 zum Jahrtausendwechsel durch eine neue Aufbruchstimmung abgelöst wurde, ist auch ein Verdienst der New Economy. Ebenso wie die Überwindung des in den 90er Jahren weit verbreiteten Technikskeptizismus. Heute haben wir in unserem Land eine neue Offenheit und Begeisterungsfähigkeit für die Chancen neuer Technologien.

Wir befinden uns heute mitten im Übergang von der Industriegesellschaft, wie sie uns vertraut war, zur Wissensgesellschaft des 21. Jahrhunderts. War in der Agrargesellschaft der Boden und in der Industriegesellschaft Kapital der entscheidende Faktor für Wachstum und Beschäftigung, so ist heute der Erfolgsfaktor der Mensch selber, seine kreativen Potenziale und sein Können. Der von den modernen Kommunikations- und Informationstechnologien ausgehende ökonomische und gesellschaftliche Wandel hat die Welt dramatisch verändert. Die Verkürzung von Distanzen ist eine der zentralen Voraussetzungen für das Wachstum der globalen Ökonomie in den letzten Jahren. Nicht wenigen gehen Umfang und Tempo der Veränderungen schon heute zu weit; auch dies ist eine Ursache der oftmals diffusen Ängste vor dem als Globalisierung beschriebenen Prozess. Aber vor uns liegen weitere große Herausforderungen und Veränderungen, deren Dimensionen heute noch unübersehbar sind. Beispielsweise in der Bio- und Gentechnologie oder der Energietechnologie, aber auch in der Medizintechnik oder der Mikro- bzw. Nanotechnik. Diese Sektoren werden gemeinsam mit der IT-Branche das vor uns liegende Jahrhundert vermutlich genauso wirtschaftlich, technologisch und gesellschaftlich prägen, wie dies Maschinenbau, Elektrotechnik und Fahrzeugbau im vergangenen Jahrhundert taten.

In einer von immer kürzeren Produktzyklen und internationalisierten Märkten gekennzeichneten Wirtschaft wird der Strukturwandel zur permanenten Herausforderung. Im globalen Wettbewerb um Innovationen bestehen nur diejenigen Unternehmen und diejenigen Volkswirtschaften, die bereit und fähig sind, sich ständig zu erneuern und Neues zu wagen.

Deutschland ist heute – nicht zuletzt als Resultat der Aufbruchstimmung der New Economy – eine führende Internet-Nation in Europa. Wir sind europäischer Marktführer im eCommerce, nur in den USA gibt es mehr elektronische B2B-Marktplätze als bei uns. Auch beim Start in den Wachstumsmarkt mCommerce startet die deutsche Wirtschaft aus der Pole Position.

Die IT-Branche zählt immer noch zu den Konjunkturlokomotiven der deutschen Wirtschaft; ihre Wachstumszahlen liegen weit über dem Durchschnitt. Dazu kommen die boomenden Zukunftsbranchen unserer Tage: die Biotechnologie, die Medizintechnik und die regenerativen Energien. Und in all diesen Branchen sind deutsche Unternehmen international führend. Nirgendwo sonst in Europa gibt es eine vergleichbare Gründerszene. Und so ist es kein Zufall, dass der erste Börsengang an den Neuen Markt in diesem Jahr mit der REpower Systems AG ein Windenergieunternehmen war.

## 3. Politik für nachhaltiges Wachstum

Nationale Wirtschaftsdynamik lässt sich in unserer globalisierten Wirtschaft nicht mehr mittels staatlicher Interventionsprogramme erzeugen. Ebenso wenig kann Strukturwandel auf dem Reißbrett geplant und die Umsetzung verordnet werden. Politik muss vielmehr die Rahmenbedingungen so gestalten, dass die Unternehmen in die Lage versetzt werden, die Chancen des Strukturwandels zu nutzen. Und sie muss denjenigen – Unternehmen und Bürgern – gezielt helfen, die Gefahr laufen, beim anstehenden Wandel unter die Räder zu kommen. Politik hat die Verpflichtung, für Sicherheit im Wandel zu sorgen. Denn nur, wenn die Menschen das Gefühl haben, dass es gerecht zugeht, werden sie zu Veränderungen bereit sein.

Zukunftsgerichtete Wirtschafts- und Finanzpolitik hat die Aufgabe, die Innovationsfähigkeit der Wirtschaft durch entsprechende staatliche Rahmenbedingungen zu fördern und eine nachhaltige – also eine andauernde und selbsttragende – wirtschaftliche Dynamik zu entfesseln, die kommenden Generationen mehr Spielräume eröffnet anstatt ihre Optionen einzuschränken. Die Bundesregierung verzichtet daher bewusst auf Strohfeuereffekte, um so aus dem ewigen Schweinezyklus von Konjunkturstützung, Ausgabenprogrammen und Neuverschuldung auszubrechen. Unverzichtbare Voraussetzung für eine zukunftsgerichtete Politik ist daher die Fortsetzung der Konsolidierungspolitik. Damit entlasten wir nicht nur den Haushalt, sondern schaffen zusätzliche Spielräume für Steuersenkungen und Zukunftsinvestitionen, insbesondere in Bildung und Infrastruktur oder um die Entwicklung oder Markteinführung neuer, innovativer Produkte und Verfahren voranzutreiben.

Mit dem 100.000-Dächer-Programm zur Förderung der Photovoltaik und dem Gesetz zur Förderung erneuerbarer Energien hat die Bundesregierung eine gewaltige Nachfrage nach entsprechenden Anlagen ausgelöst. Spitzenreiter dieser erfreulichen Entwicklung ist die Windenergie. Dort hat sich die installierte Leistung seit 1998 verdreifacht, allein im letzten Jahr ist so viel Leistung installiert worden wie in den Jahren 1990 bis 1998 insgesamt.

Aber auch bei der Solarenergie sind enorme Zuwachsraten zu verzeichnen. Vom Aufschwung in diesen Bereichen profitieren vor allem die kleinen und mittleren Betriebe: Die Ingenieur- und Planungsbüros, die Hersteller von Komponenten für Windräder oder Photovoltaikanlagen und viele Handwerksbetriebe, die solche Anlagen installieren und warten. Insgesamt arbeiten im Bereich regenerative Energien heute 120.000 Beschäftigte, allein in der Windenergiebranche sind rund 30.000 Menschen beschäftigt. Als Folge des Auftragsbooms sind deutsche Anlagenbauer in den Bereichen Wind-, Wasser- und Solarenergie heute weltweit führend.

Von Biotechnologie und Medizintechnik erhoffen sich die Menschen Erfolge im Kampf gegen bislang unheilbare Krankheiten. Beim Start in den Zukunftsmarkt Biotechnologie hat Deutschland ausgezeichnete Startbedingungen. Unsere Universitäten sind in vielen Forschungsbereichen führend, nirgends in Europa ist die Zahl der Biotechnologie-Start-ups so hoch wie bei uns. Jetzt kommt es darauf an, das große Potenzial an Wissen und technischen Fähigkeiten auch ökonomisch zu nutzen. Anders als in anderen Branchen, wo mit der Vermarktung von Erfindungen oft so lange gewartet wurde, bis andere den Markt erschlossen hatten, müssen wir rechtzeitig die nötigen Weichenstellungen vornehmen, damit in Deutschland aus Forschungsergebnissen und Basisinnovationen auch marktfähige Produkte werden können. Nur so lassen sich internationale Standards und damit auch Grenzen setzen. Mit der Entscheidung, den Import embryonaler Stammzellen zu Forschungszwecken unter klar definierten Bedingungen zu ermöglichen, hat der Deutsche Bundestag hierfür den Weg frei gemacht. Diese Entwicklung ist Ausdruck einer Politik, die gerade bei stark wertgebundenen Themen wie der Gentechnologie auf Konsens setzt, statt zu spalten. Blinder Fortschrittsglauben oder religiöser Fundamentalismus führen dagegen in die Sackgasse.

Der Staat muss die Rahmenbedingungen für eine dynamische Entwicklung der Wirtschaft schaffen und kann diese mit Incentives stimulieren. Ohne Zweifel sind Investitionen in Bildung die wichtigste Investition überhaupt. Es sagt viel über die Prioritäten der Wirtschaftspolitik in den 90er Jahren, dass Bildungsausgaben stets unter „Konsum“ firmierten. Ein Trugschluß, denn keine Investition fördert nachhaltiger die wirtschaftliche Dynamik. John F. Kennedy hat Recht: „Es gibt nur eines was auf Dauer teurer ist als Bildung: Keine Bildung“. Das wichtigste Kapital der Unternehmen ist bereits heute das Wissen und Können der Mitarbeiter. Und: Das Bildungswesen ist der Bereich unserer Gesellschaft, in dem Chancen auf Zukunft geschaffen und verteilt werden.

Die Bundesregierung hat in ihrem Verantwortungsbereich die Weichen für eine neue Bildungsoffensive gestellt. Trotz des Sparkurses wurden die Ausgaben für Forschung und Bildung in den letzten drei Jahren um über 20% erhöht. An vielen Hochschulstandorten konnten die Studienbedingungen durch Investitionen in bessere Labors und Bibliotheken deutlich verbessert werden. Mit der BAföG-Reform haben wir die Chancengerechtigkeit verbessert. Der Zugang zu Bildung darf nicht vom Geldbeutel der Eltern abhängen. Das ist zugleich eine Kernfrage sozialer Gerechtigkeit und die Überlebensfrage der auf hohe Qualifikationen angewiesenen Zukunftsbranchen.

Eine zukunftsfähige Volkswirtschaft lebt vom Nachwachsen innovativer Unternehmensgründungen. Voraussetzung hierfür ist ein Bildungssystem, das neben Fachkenntnissen und –fertigkeiten auch Lust auf, und das Know-how für eine unternehmerische Selbständigkeit weckt. Darüber hinaus bedarf es gezielter Instrumente, die jungen Innovatoren den Weg zur eigenen Unternehmensgründung ermöglichen. Die Voraussetzungen für eine Fortsetzung des Gründerbooms sind unverändert gut. Mit Köpfen und Können verfügen wir über die Rohstoffe des 21. Jahrhunderts, wir haben unverändert einen funktionierenden Markt für Risiko- und Beteiligungskapital. Und wir verfügen mit den Kredit- und Beteiligungsprogrammen der bundeseigenen Förderbanken über wichtige Finanzierungsinstrumente für die start- und seed-Phase junger Wachstumsfirmen. Um die Finanzierungsbedingungen für Existenzgründer und kleine und mittlere Unternehmen weiter zu verbessern, wollen wir die bestehenden Förderprogramme bei einer Gründer- und Mittelstandsbank des Bundes bündeln und den Zugang zu den Programmen erleichtern. Durch die Fortführung unserer Kapitalmarktpolitik werden wir zudem den Finanzplatz Deutschland weiter stärken und so die Rahmenbedingungen für Venture-Capital-Finanzierungen verbessern. Der Boom der New Economy hat gezeigt, welche Dynamik ein funktionierender Markt für Risikokapital wecken kann.

Hinter diesem Politikansatz steht auch ein gewandeltes Staatsverständnis. Bürger und Unternehmen wollen keinen bevormundenden Staat. Aber sie brauchen einen Staat, der ihnen Chancen eröffnet, der Eigeninitiative fördert und fordert. Weg vom allzuständigen, fürsorgenden „Vater Staat“ – hin zu einem aktivierenden „Partner Staat“.

Ein Musterbeispiel für die partnerschaftliche Zusammenarbeit von Staat und Wirtschaft ist die Unternehmerinitiative D21. Im Sommer 1999 von führenden deutschen Unternehmen der Informations- und Kommunikationstechnik gegründet, gehören der Initiative heute rund 300 namhafte Persönlichkeiten und Unternehmen an. Bundeskanzler Gerhard Schröder ist Vorsitzender des Beirats der Initiative. Gemeinsam arbeiten Wirtschaft und Politik daran, den Weg in die Informations- und Wissensgesellschaft erfolgreich zu beschreiten, Chancen aufzuzeigen und Teilhabemöglichkeiten zu schaffen. Zu lange wurde Public-Private-Partnership in Deutschland auf den Aspekt der privaten Vorfinanzierung öffentlicher Aufgaben verkürzt. Uns geht es um mehr. Es geht um die gemeinsame Definition von Zielen und die Vereinbarung konkreter Umsetzungsschritte.

Unternehmertum, Kreativität, Initiative und Selbstverantwortung sind die wirtschaftlichen Leitbilder, die zu unserer offenen Gesellschaft gehören. Es liegt im Interesse einer nachhaltigen Politik, sie weiter zu fördern.

*Jörg Tauss* [1]

# Ambivalenz der IT-Sicherheitspolitik in einer globalen Netzkultur

Netzpolitik hatte bisher ihre eigenen Regeln. Wie in kaum einem anderen politischen Handlungsfeld bestimmten hochkomplexe Sachlagen sowie inter- und transnationale Koordinierungszwänge den Kontext politischer Gestaltung der neuen IuK-Möglichkeiten und ihrer rechtlichen, gesellschaftlichen und wirtschaftlichen Rahmenbedingungen. Die enorme technologische Innovationsgeschwindigkeit im IT-Bereich und die zunehmend globale Vernetzung der IuK-Infrastrukturen konnten der traditionellen, durch nationale Interessen und eine partikulare Kultur geprägten rechtlichen Gestaltung der modernen Medien-, Wirtschafts- und Kommunikationsordnung ein gewisses Maß an Selbstbeschränkung abringen. Dies gilt auch und gerade für den Bereich der nationalen, der rechtlichen wie der IT-Sicherheit. Die Dominanz nationaler Interessen oder ihrer Sicherheit schwand zusehends und die europäische, internationale und sogar globale Perspektive gewann an Bedeutung, wenn es beispielsweise um Rechtsharmonisierungen oder auch um eine neue Informations- und Medienordnung zugunsten der Dritten Welt geht. Globale IuK-Netze und weltweite Medienkommunikation fördern durchaus eine globale Medienkultur, in der allerdings kulturelle und normative Wertekollisionen an der Tagesordnung sind – Ambivalenz ist das bestimmende Erfahrungsmoment dieser globalen Medienkultur und steht in einem auffälligen Spannungsverhältnis zur Sicherheit. Gerade für diesen primären staatlichen Gewährleistungsbereich einer hinreichenden Rechts- und IT-Sicherheit hat dieses weitreichende Folgen. Am Beispiel der Konsequenzen der Terroranschläge vom 11. September 2001 sollen diese sowie wiederum ihre Auswirkungen kurz dargestellt werden. Dieser Beitrag kann, soviel soll an dieser Stelle bereits gesagt werden, als Plädoyer für die globale Medien- und Netzkultur gelesen werden, für die eine absolute (IT-) Sicherheit eine Illusion ist und Wertekollisionen und Ambivalenzen regelmäßig auf der Agenda stehen werden.

---

1 Dieser Beitrag entstand in Zusammenarbeit mit meinen Mitarbeitern Johannes Kollbeck und Nermin Fazlic.

# 1. Technische und normative Ambivalenz globaler IuK-Netze

Eine kompromisslose Rechtsdurchsetzung im Sinne der hinreichenden Geltung bestehender nationaler Rechtsvorschriften, die internationale Vergleichbarkeit der Rechtsordnungen und Rechtsfolgen von elektronischen Transaktionen und auch die effektive Ermittlung und Verfolgung von Straftaten, die in und mittels Netzen begangen werden, stießen in der digitalen Welt globaler Datennetze an natürliche Grenzen. Dies war alles andere als eine Frage schlechter Gesetze, eines Laisser-faire oder eines mangelnden Sachverstandes oder Willens der beteiligten Politiker und Experten. Die Ursache für die Uneinheitlichkeit der Rechtskontexte und das vermeintliche Defizit in der Rechtsdurchsetzung ist vielmehr in der technologischen Dynamik einerseits und in der internationalen Dimension der neuen IuK-Technologien andererseits zu suchen.

## 1.1 Technologische Ambivalenz der Entwicklungsdynamik

Die Einsicht, dass digitale paketvermittelte transnationale Kommunikation sich nicht völlig in nationale Rechtsgrenzen und traditionelle Regelungsansätze fügt, verweist auf die technische Dimension des Durchsetzungsproblems partikularer Wertesysteme in globalen Netzwerken – sozusagen auf die technische Ambivalenz globaler IuK-Netze. Die bestehenden Instrumente aus der analogen Welt der starren Vermittlungsnetzwerke oder des klassischen Rundfunks sind offensichtlich nicht ohne weiteres auf die digitale Welt übertragbar oder wirken im Cyberspace keineswegs in gleicher Weise weiter. Mehr noch, der Gesetzgeber musste einsehen, dass es sich geradezu als kontraproduktiv erwiesen hat, zur Durchsetzung eines national geltenden Rechts im Cyberspace allein auf technische Instrumente und Lösungen zu setzen. Zum einen ist es schwierig, die Dauer von Gesetzgebungsverfahren mit zunehmend kürzeren technologischen Innovationszyklen in Einklang zu bringen. Kaum ist ein bestimmter technischer Lösungsansatz im politischen Verfahren erfasst und zu rechtlichen Bestimmungen verdichtet worden, kursieren bereits Nachfolger und bald auch deren Folgeversionen oder Umgehungstechnologien im Cyberspace. Zum Zweiten erwiesen sich softwarebasierte Technologien als Dual-Use-Produkte im wörtlichen Sinne des Wortes, d.h. sie waren zweckoffen und konnten daher positiv wie negativ verwendet werden, also beispielsweise sowohl zur Verbesserung als auch zur Verringerung der allgemeinen IT-Sicherheit oder sowohl zur Durchsetzung als auch zur Umgehung nationaler Rechtsbestimmungen. Darüber hinaus waren die Auswirkungen bestimmter technologischer Innovationen selten bereits bei Einführung überschaubar und das Auftreten unerwarteter „Nebenwirkungen“ wurde zur alltäglichen politischen Erfahrung. Die Ambivalenz der Technologie erzeugt nicht nur Möglichkeiten einer verbesserten und effektiveren Rechtsdurchsetzung, sie erzeugt zugleich stets die Instrumente, um ihr entgegenzuwirken.

## 1.2 Normative Ambivalenz globaler Netzwerke

Der Widerspruch, der in der Vorstellung einer internationalen Geltung nationaler Rechtsnormen steckt, verweist auf die zweite wichtige Dimension des Rechtsdurchsetzungsproblems in digitalen, globalen Netzwerken. Aus einer soziokulturellen und politischen Perspektive mussten partikulare Rechtsnormen, die ja stets zugleich ein wichtiger Ausdruck gesellschaftlicher Wertevorstellungen und spezifischer Erfahrungskontexte sind, in transnationalen Netzwerken geradezu zwangsläufig kollidieren. Dies ist nicht nur ein transatlantisches Problem hinsichtlich der gegensätzlichen Beurteilung rechtsextremistischer Inhalte im Internet, sondern darüber hinaus ebenfalls ein globales – man denke allein an die Bewertung des Internet in der VR China – und auch innereuropäisches Problem unterschiedlicher Wertmaßstäbe und Moralvorstellungen. International koordinierte Maßnahmen sind offensichtlich der einzige Weg zu einer effektiven transnationalen Rechtsdurchsetzung, sie erfordern aber auch eine Übereinkunft über die normativen Grundlagen und eine zumindest angenäherte Interessenlage aller Beteiligten. Genau dieser notwendige internationale Grundkonsens einer kooperativen und koordinierten IT-Sicherheitspolitik endet derzeit allerdings bereits jenseits der gemeinsamen Ächtung und Verfolgung von Kinderpornographie im Internet. Weitreichende nationale Unterschiede beispielsweise bei den strafrechtlichen Normen und Bestimmungen waren daher nicht nur aus technischen Gründen kaum durchzusetzen, vielmehr drohten sogar für den Fall einer zunehmenden partikularen Rechtsdurchsetzung erhebliche Beeinträchtigungen der dynamischen und offenen Struktur der Netze, der Ausschluss von aktuellen Entwicklungen im IT- und IuK-Bereich und sogar wirtschaftliche Standortnachteile. Hier war eine Abwägung zu treffen zwischen der zweifelhaften Effizienz staatlicher begrenzter Rechtsdurchsetzungs- und Sicherheitsmaßnahmen und den möglichen negativen Nebeneffekten. Es reicht einfach nicht mehr aus, allein Gutes zum Ziel zu haben, sondern es müssen verantwortungsethisch die Folgen des politischen Handelns hinreichend berücksichtigt werden – globale Netze lassen sich auf nationalstaatlicher Basis weder effektiv verwalten noch hinreichend gestalten.

## 2. Kooperative Netzkultur und IT-Sicherheitspolitik

Beide Faktoren erschweren die Durchsetzung partikularer nationaler Rechtsnormen und Sonderreglementierungen, in einer globalen Medienkultur sind vielmehr Wertekollisionen an der Tagesordnung – Ambivalenz ist die bestimmende Erfahrung der globalen Medienkultur. Dies ist durchaus ein potenziell konfliktreicher Prozess, weil Wertesysteme einen Ausdruck zentraler Überzeugungen einer politischen und sozialen Gemeinschaft darstellen, die nicht ohne weiteres aufgegeben oder durch andere ersetzt werden können. Globale digitale IuK-Infrastrukturen und globale Kommunikationszusammenhänge überschreiten daher per se nationale kulturelle Kontexte und schaffen sich ihre eigene, spezifische Netzkultur. Ihre wichtigste Eigenschaft ist, auch dies kann bereits gesagt werden, dass sie an die Stelle unilateraler Ge- und Verbote die internationale und transnationale Kooperation und Koordination setzen. Diese digitale Kooperation wird insbesondere durch zwei Aspekte geradezu erzwungen: durch die Notwendigkeit einer internationalen Harmonisierung der Rechtsordnungen einerseits, um etwa elektronische Rechts- und Geschäftstransaktionen weiter zu fördern, sowie die globale Unteilbarkeit der IT-Sicherheit in weltweiten IuK-Datennetzen andererseits. Beide Aspekte stehen allerdings gegenwärtig unter dem bestimmenden Eindruck der Auswirkungen der Terroranschläge vom 11. September 2001. Auch für die Netzkultur können die Anschläge von New York und Washington eine Zäsur bedeuten, die ihre besonderen Merkmale überdeckt und ein überwunden geglaubtes Primat nationaler oder absoluter Sicherheit wieder in den Mittelpunkt der Medien-, Kommunikations-, Internet- und Technologiepolitik stellt.

### 2.1 IT-Sicherheitspolitik und der 11. September 2001

Dennoch gab es auch früher selbstverständlich Politik für die Netze. Die Selbstbeschränkung nationaler Gesetzgeber erfolgte nicht durch Laisser-faire, sondern, allgemein gesprochen, durch einen Wechsel des Regelungsmodus der neuen IuK-Technologien. Der immer kürzere Innovationszyklus, die umfassende Digitalisierung der Inhalte, die weltweite Vernetzung und die technologische Konvergenz der Medien waren und sind eine immense Herausforderung für die politische Gestaltung. Dies betrifft insbesondere die Art und Weise der Gesetzgebung, die technikneutral und zukunftsoffen gestaltet werden muss. Diese neue Regelungsform muss sich dadurch auszeichnen, dass an die Stelle durchgreifender gesetzlicher Detailbestimmungen nur noch eine schlanke Rahmengesetzgebung tritt. Diese müssen korporativen und auch privaten Selbstregulierungsinstrumenten einen großen Spielraum einräumen und dem Staat lediglich eine Aufsichts- und – bei negativem Ergebnis – eine Rückfallkompetenz zugestehen. Des Weiteren ist aufgrund der Entwicklungsdynamik die Gültigkeits- oder Halbwertszeit von gesetzlichen Vorschriften und Bestimmungen von vornherein zu begrenzen oder mit einem Evaluierungsauftrag zu versehen. Nicht ewig gültige Normierungen können das Ziel einer in diesem Sinne verantwortungsethischen IuK-Politik sein, sondern die unter den jeweiligen technischen Bedingungen bestmögliche, international abgestimmte Lösung mit eingebautem Verfallsdatum. Allein die Komplexität der Nebenfolgen von staatlichen Regulierungsmaßnahmen verlangt schließlich zusätzlich eine Evaluierung, um fundierte Aussagen über Wirkung, Effektivität und Probleme der getroffenen Maßnahmen machen zu können.

### *2.1.1 Cyberprotection und Cybercontrol vor dem 11. September 2001*

Diese neuen Rahmenbedingungen wirken sich insbesondere im Bereich der auf IuK-Technologien bezogenen Sicherheitspolitik aus. Wessen Sicherheit ist mit welchen Instrumenten von wem zu gewährleisten? – Der Sicherheitsbegriff gewinnt entlang dieser Fragen zahlreiche neue Facetten hinzu und eine umfassende Sicherheitspolitik muss mehreren Perspektiven zugleich gerecht werden. Dabei bleiben einerseits klassische Gewährleistungsaufgaben des Staates weiterhin bestehen. Beispielsweise müssen Verfügbarkeit und Funktionsfähigkeit der IuK-Infrastrukturen gesichert oder ausreichende Möglichkeiten zur grenzübergreifenden Ermittlung und Verfolgung, zumindest schwerwiegender Straftaten geschaffen werden. Doch stehen bei ihrer Erfüllung nicht mehr ausschließlich dichtere regulatorische Vorgaben oder die Reichweite von Eingriffsbefugnissen der Ermittlungsbehörden und deren parlamentarische Kontrolle im Mittelpunkt der Debatten, sondern vor allem die Wahl der Instrumente zur Durchsetzung der Ziele sowie ihrer möglichen negativen Nebenfolgen. Teilweise kommt es sogar zu einem direkten „trade-off", wenn beispielsweise die von den Ermittlungsbehörden oft geforderte Schlüsselhinterlegung zwar durchaus die Strafverfolgung zu erleichtern vermag, zugleich jedoch auch eine überaus attraktive Einbruchstelle in die Geheimhaltungskette jeder vertraulichen Kommunikation einfügt – gerade in Zeiten zunehmender Wirtschaftsspionage durchaus ein besonders sensibler Aspekt.

Andererseits ergänzt die zunehmende Bedeutung der Nutzer- und Nutzerinnenperspektive den Sicherheitsbegriff um einen entscheidenden Aspekt, nämlich den Schutz der Grundrechte (auch) im Cyberspace. Die Sicherheit und Verfügbarkeit von Daten und Systemen und die Vertraulichkeit sensibler Information und Kommunikation sind auch für Bürgerinnen und Bürger, Unternehmen und andere Institutionen legitime Interessen und Rechtsgüter – auch deren Schutz und Förderung ist eine staatliche Aufgabe. Das Vertrauen in die Infrastruktur entscheidet letztlich über die Akzeptanz der neuen IuK-Technologien und ist daher die Voraussetzung dafür, die viel zitierten positiven Potenziale für die Gesellschaft auch realisieren zu können. In diesem Kontext bedeutet Sicherheit in erster Linie die Realisierung international vergleichbarer Standards in Fragen der Rechtssicherheit, des Datenschutzes und der Datensicherheit. Hier können aber nationale Einrichtungen strukturell nicht effektiv wirken, weil sie den zunehmend transnationalen Informations- und Kommunikationsprozessen sozusagen nicht in den globalen Raum des Cyberspace folgen können. Der einzelne Staat kann daher keine umfassende digitale Sicherheit herstellen, er kann „Cyberprotection“ im Sinne des Schutzes in den Netzen nicht hinreichend gewährleisten. Er kann aber durchaus den Nutzerinnen und Nutzern Instrumente für einen effektiven Selbstschutz in die Hand geben, wie beispielsweise kryptographische oder steganographische Verfahren sowie anonyme oder pseudonyme Nutzungsmöglichkeiten.

An die Stelle staatlicher Regulierung tritt zunehmend die Anleitung und Hilfe zur Selbsthilfe der Nutzer, die sensible Informationen und kommerzielle Inhalte gesichert und vertrauliche Kommunikation auch in transnationalen digitalisierten IuK-Netzen geschützt wissen wollen. Das Kontrollmoment des Staates tritt hinter dem Schutzmoment der Nutzer und der sensiblen Infrastrukturen zurück. Dies mündete bisher, zumindest in Deutschland, nicht nur in einen Verzicht auf die Regulierung kryptographischer Verfahren, sondern spiegelt sich ebenfalls in der Aufforderung an alle Nutzer, in Anbetracht unumgänglicher technischer Sicherheitsrisiken und unterschiedlicher internationaler Schutzstandards Selbstschutzkonzepte einzusetzen. Zudem hat es sich der Staat zur Aufgabe gesetzt – quasi als staatliche Dienstleistung – sicherheitsrelevante Komponenten zu entwickeln und anzubieten (z.B. sichere Verschlüsselungsalgorithmen). Im Zweifel, so könnte das Kernmotto vor dem 11. September 2001 zusammengefasst werden, tritt der analoge Staat hinter den digitalen Cyberspace zurück und lässt privaten Eigeninitiativen Freiräume, autonom ihre Sicherheitsinteressen zu verfolgen.

### *2.1.2 Auswirkungen des 11. September*

Der 11. September 2001 hat diese ungeschriebenen Regeln einer effektiven Netzpolitik grundlegend verändert. Bereits früh wurde von Netzaktivisten vorhergesagt, dass eine massive Abkehr von diesen gewonnenen Überzeugungen bevorsteht. Die Entwicklung in fast allen westlichen Staaten hat diese Befürchtungen mittlerweile mehr als bestätigt. Der spezifische Kontext internationaler paketvermittelter Kommunikation ist in Gefahr, aus dem Blick zu geraten und unter dem wiedererstarkten Primat eines klassisch interpretierten (nationalen) Sicherheitsverständnisses zu verschwinden. Dabei markiert die jetzige Debatte nur den bisherigen Höhepunkt einer längeren Entwicklung, in der staatliche Agenturen vermehrt nach ihren durchsetzbaren digitalen Handlungsmöglichkeiten suchten. „Law enforcement“ im Cyberspace galt als zentrales Problem moderner Staatlichkeit. Der 11. September liefert sozusagen das ‚Wozu‘ nach. Obwohl sich die beschriebenen Rahmenbedingungen nicht wesentlich geändert haben, folgen die gegenwärtigen sicherheitspolitischen Maßnahmen infolge des Anschlages vor allem wieder dem Regelungsmodus ‚law and order‘ – wenn auch mit gewissen Einschränkungen. Rechtsdurchsetzungs- und Strafermittlungsprobleme ergeben sich aus Sicht der Sicherheitsbehören wieder eher aus Rechtslücken sowie überzogenen datenschutzrechtlichen Bedenken, einem gefährlichen Laisser-faire und mangelnder finanzieller, technischer wie personeller Ausstattung der Behörden, als aus der technologischen Dynamik und globalen Vernetzung der neuen IuK-Möglichkeiten. Die Ambivalenzen und mit ihnen die Warnungen vor einer Überregulierung oder einer überzogenen Kontrolle der Bürger erscheinen vorerst nachrangig. Der Staat, so die Argumentation weiter, sei in seiner ureigensten Aufgabe als Garant der öffentlichen Sicherheit herausgefordert und müsse regieren. Das „Wer, Was und Wie" der Sicherheitsfrage lässt sich wieder eindeutig beantworten: Allein der Staat sorgt für eine umfassende Sicherheit für alle, bei der die Ermittlungs- und Rechtsdurchsetzungsperspektive im Vordergrund steht und durchgreifende Regulierung als einziges Mittel erscheint. Die wichtige Wechselbeziehung von Cybercontrol auf der einen und Cyberprotection auf der anderen Seite gerät aus dem Blick. Es setzt sich zunehmend die Überzeugung durch, dass beide Aspekte unvereinbar sind und dass der Kontrolle der Vorzug vor dem Schutz gegeben werden muss. Das gemeinsame Ziel einer in diesem Sinne erhöhten Sicherheit wird derzeit zur Legitimation für zahlreiche Maßnahmen zur Erweiterung der Überwachungs- und Kontrollmöglichkeiten herangezogen. Aber nur in Ausnahmefällen stehen Wirksamkeit, Angemessenheit und auch Nebeneffekte dieser Aktivitäten auf der Tagesordnung. Provokativ gesagt, reicht derzeit eine ,gute Gesinnung' offensichtlich bereits aus, um sicherheitspolitische Regulierungen elektronischer Kommunikation zu rechtfertigen.

## 2.2 Digitale Normdurchsetzung als staatliche Sicherheitspolitik

Dieser Wandel in der Netzpolitik lässt sich kursorisch an der Entwicklung im vergangenen Jahr darstellen, in der beide Aspekte, Cybercontrol wie Cyberprotection, im Mittelpunkt standen. Die Abwägung zwischen kollidierenden Rechtsgütern, die Frage einer effektiven Rechtsdurchsetzung und einer hinreichenden Möglichkeit zur Überwachung der Kommunikation in digitalen Netzen auf der einen Seite, und die (private und ökonomische) Rechtssicherheit, der Datenschutz und die Datensicherheit auf der anderen, wurde zunehmend in eine Richtung aufgelöst: Trotz unbestreitbarer Fortschritte hinsichtlich des zweiten Aspekts, etwa durch Umsetzung der Signatur- und e-Commerce-Richtlinie und der ersten Stufe der Reform des Bundesdatenschutzgesetzes, lässt sich auch hier bei genauerem Hinsehen eindeutig der Wandel in der Netzpolitik markieren. Dies soll an zwei Beispielen dargestellt werden, zum einen an Maßnahmen zur Durchsetzung nationaler Normen, und zum anderen an Maßnahmen zu verbesserten Kontroll- und Überwachungsmöglichkeiten elektronischer Kommunikation – und beides in digitalen, paketvermittelten globalen Netzen.

### 2.2.1 Digitale Rechtsdurchsetzung

So global die neuen IuK-Netzwerke auch technisch sein mögen, sie operieren weiterhin normativ, rechtlich oder politisch in einem nationalstaatlich segmentierten Medium. Dies zeigt sich vor allem in weiterhin bestehenden unterschiedlichen Rechtsordnungen innerhalb der EU und insbesondere im Vergleich zu den USA, beispielsweise hinsichtlich divergierender Datenschutz- oder Jugendschutzbestimmungen oder abweichender strafrechtlicher Beurteilungen rechtsextremistischer Äußerungen. Das Problem der Rechtsdurchsetzung stellt sich somit für jeden Nationalstaat anders, selbst übergreifend anerkannte Rechtsgüter – wie etwa der Schutz geistigen Eigentums – werden auf den nationalen Ebenen materiell wie instrumentell unterschiedlich geschützt. Die gemeinsame Herausforderung für alle nationalen Rechtssysteme besteht wie dargestellt in der Dynamik der Technologieentwicklung und dem grenzüberschreitenden Charakter der IuK-Infrastrukturen für paketvermittelte Kommunikation. Offenbar gewinnen auch hier alte, einfache Antworten zunehmend an Attraktivität. Dies soll an drei Beispielen kurz skizziert werden.

Die Zugänglichkeit von rechtsextremistischen Inhalten im Internet, die nach deutschem Recht rechtswidrig sein können, spielt in der deutschen Diskussion eine große Rolle. Die Durchsetzung dieser Normen scheiterte allerdings bereits in der analogen Welt an abweichenden Rechtsordnungen in Nachbarstaaten oder auch in den USA. Im digitalen Zeitalter kommt der vereinfachte Zugang zu diesen globalen Inhalten infolge der neuen IuK-Möglichkeiten noch erschwerend hinzu. Da die Angebote überwiegend auf amerikanischen Servern liegen und dort durch den ersten Zusatz zur US-Verfassung als freie Meinungsäußerung geschützt sind, besteht für deutsche Strafverfolgungsbehörden grundsätzlich keine rechtliche Handhabe gegen diese Inhalte. Der seit dem immer wieder favorisierte Ansatz, die Internet Service Provider (ISP) zu technischen Maßnahmen wie einer zentralen Filterung oder Sperrung von Inhalten zu verpflichten, scheiterte allerdings sowohl an der fehlenden technischen Realisierbarkeit als auch an der Schwierigkeit, eine solche Inhaltskontrolle gegen den Vorwurf einer staatlich verordneten Zensur durchzusetzen. Daraus folgte notgedrungen eine Selbstbeschränkung staatlicher Rechtsdurchsetzung, wie sie sich in der abgestuften Haftungsprivilegierung für Provider im Teledienstegesetz des Bundes (TDG) sowie inhaltsgleich im Mediendienstestaatsvertrag der Länder (MDStV) ausdrückt. Genau diese wird nunmehr aber zunehmend infrage gestellt, das französische Yahoo-Urteil markiert eine wichtige Zäsur im Bereich der Netzpolitik. Die Verpflichtung eines amerikanischen Diensteanbieters durch einen französischen Richter, zur Sperrung bestimmter von ihm gehosteter rechtsextremistischer Angebote für französische Surfer, erschien noch vor Jahresfrist politisch undenkbar. Dass dieses Urteil bereits vor dem 11. September möglich war, zeigt auch, dass die furchtbaren Anschläge auf New York und Washington in Wirklichkeit lediglich einem sich bereits abzeichnenden Trend zum Durchbruch verholfen haben.

Auch in Deutschland wird inzwischen der Ruf nach technischen Lösungen, die von Internet-Service-Providern umgesetzt werden sollen, immer lauter. Ohne die illegalen Inhalte verantworten zu können oder zu müssen, wird ihnen aufgrund ihrer zentralen technischen Rolle im Kommunikationsprozess unterstellt, zur Beseitigung der Störung effektiv beitragen zu können. Diese Überlegung liegt beispielsweise auch den umstrittenen Maßnahmen der Bezirksregierung Düsseldorf zugrunde, die seit November 2001 die Provider in Nordrhein-Westfalen zur Sperrung einzelner prominenter rechtsextremistischer Seiten aus den USA auffordert. Damit setzt sie auf „law enforcement" im Stil einer staatlichen Dienstleistung, die von privaten Akteuren erbracht werden soll. Ein solches „Outsourcing" staatlicher Aufgaben wirft grundlegende Rechtsfragen auf, denn inwieweit soll es in einer Demokratie möglich sein, genuin staatliche Aufgaben auf Unternehmen zu übertragen und damit dem demokratischen Legitimationszwang zu entziehen? Nach Ansicht von Wolfgang Hoffmann-Riem, Richter am Bundesverfassungsgericht, können Bürger gegenüber privaten „Dienstleistern" öffentlicher Aufgaben nicht die gleichen Schutz- und Abwehrrechte geltend machen wie gegenüber öffentlichen Stellen (so Hoffmann-Riem in der Wochenzeitung Die ZEIT vom 6.12.2001 mit dem Titel „Wider der Geistespolizei"). Darüber hinaus entlarvt die Düsseldorfer Bezirksregierung ihre Maßnahmen auch selbst als politisch-symbolischen Aktivismus, indem sie selbst in Abrede stellt, tatsächlich ein effektives und zielführendes Instrument anbieten zu können – ihr genügt offensichtlich die Zugangserschwernis für technisch Unversierte. Nicht nur, dass seitens der Bezirksregierung zunächst – im Kontext eines missverstandenen Public-Private-Partnership durchaus mit Stolz – auf die Freiwilligkeit der Sperrungen durch die Provider hingewiesen wurde. Darüber hinaus ist die Sinnhaftigkeit der nach langen Diskussionen doch noch erteilten Sperrungsverfügung der Bezirksregierung durch die fehlende Nachhaltigkeit in Frage gestellt. Denn die geforderten DNS-Umleitungen der fraglichen Angebote bei den Providern bewirkt lediglich, dass der Zugang erschwert, nicht aber verhindert wird. In der Verfügung wird dies auch durchaus eingeräumt, dennoch hält man die Maßnahme für ausreichend effektiv, um mit den ISPs unbeteiligte Dritte zu dem Eingriff zu verpflichten. Auch ordnungsrechtlich setzt die Verpflichtung unbeteiligter Dritter aber voraus, dass diese auch in der Lage sind, den beanstandeten Missstand wirkungsvoll beseitigen zu können. Ebenso müssen Zumutbarkeit und Verhältnismäßigkeit solcher Maßnahmen gewährleistet sein. Auf welcher Basis die Bezirksregierung zu der Einschätzung gelangt, dass DNS-Umleitungen diese Kriterien erfüllen, ist nicht ersichtlich. Mehr Sicherheit bringt diese Maßnahme wohl nicht, mit Sicherheit bietet diese Form symbolischer digitaler Politik aber keine Lösung, sondern wird letztlich selbst Teil des zu lösenden Problems.

Auch die zwischen Bund und Ländern – gegenwärtig wieder ergebnisoffen – diskutierte Reform des Jugendmedienschutzes will Tele- wie Mediendiensteanbieter verpflichten, technische Maßnahmen einzusetzen, um bestimmte Seiten für Kinder und Jugendliche nicht zugänglich zu machen oder den Zugang zu erschweren. Betroffen sind trotz der Haftungsprivilegierung auch wieder die Access-Provider. Der Jugendmedienschutz wird hier zwar sehr wohl als kulturelle Dienstleistung an die Gesellschaft verstanden, d.h. die Begrenzung auf den nationalen Kontext sogar positiv in den Vordergrund gestellt. Dennoch wird zur Lösung des Problems auch hier allein auf technische Instrumente rekurriert, wenn etwa über eine Art bei den ISPs vorgeschalteter „Sendezeitbeschränkung“ im Internet nachgedacht wird. Diskutiert werden auch generelle zeitunabhängige „Vorsperrungen“ von Angeboten, die mittels eines Code freigeschaltet werden müssten. Auch hier trifft es in erster Linie wieder die ISPs, die dadurch funktional zum Dreh-und-Angelpunkt der Durchsetzbarkeit von nationalen Rechtsnormen werden.

Es ist nur eine Frage der Zeit, bis auch die internationale Durchsetzung des Urheberrechts zunehmend diesem Ansatz folgen wird. Allerdings wäre Napster in diesem Zusammenhang ein nicht ganz zutreffendes Beispiel. Denn diese Tauschbörse hatte aus regulatorischer Sicht noch den Vorteil, zentraler Verzeichnisse zu bedürfen und diese konnten ohne größeren Aufwand gesperrt werden. Echte Peer-to-Peer-Netzwerke (P2P), wie sie zunehmend auch für wissenschaftliche oder wirtschaftliche Optimierungsaufgaben verwendet werden, brauchen solche Zentralverzeichnisse nicht und lassen sich daher grundsätzlich weitaus weniger effektiv regulieren. Hier wird daher vor allem versucht, entweder die Hersteller entsprechender P2P-Software – meist Universitäten – direkt zu kriminalisieren, oder aber wieder Access-Provider zunehmend zur Verhinderung des Zugangs zu illegalen Video- und Musikdownload-Angeboten heranzuziehen. Dabei ist besonders zu kritisieren, dass diesen Akteuren offenbar jegliches Bewusstsein für die Ambivalenz dieses Regulierungsansatzes fehlt, der letztlich gesellschaftliche Probleme wieder allein technisch lösen will. Es ist wieder eine hinreichende Begründung für staatliche Maßnahmen, als richtig Erachtetes national durchsetzen zu wollen.

### *2.2.2 Digitale Kommunikationskontrolle*

In einer demokratischen Gesellschaft kommt den informations- und kommunikationsbezogenen Grundrechten eine besondere Bedeutung zu. Dies gilt umso mehr, wenn zunehmend von einer Informations- oder Wissensgesellschaft die Rede ist und gesellschaftlich relevantes Handeln zunehmend in Form elektronischer Kommunikation erfolgt. Natürlich hat der Staat im Sinne einer effektiven Strafverfolgung ein mehr als legitimes Interesse daran, in begründeten Einzelfällen die Gespräche und auch die sonstige elektronische Kommunikation von verdächtigen Personen abhören und zur Beweissicherung auch aufzeichnen zu können. Die Grenze dieser Grundrechtseingriffe und die Bedingungen der jeweils rechtskonformen Anwendung sind klassische Konfliktfelder im Verhältnis des Staates zu seinen Bürgerinnen und Bürgern sowie bei der Güterabwägung strafrechtliche Sicherheit versus individuelle Freiheit.

Die Debatte um den sogenannten Lauschangriff belegt, dass diese Güterabwägung bereits für die analoge Welt äußerst kontrovers diskutiert wurde und wird, zumal die bisherigen Erfahrungen deren Effizienz zunehmend in Frage stellen. Auch hier veränderten die neuen, durch die technologische Dynamik und transnationale Dimension geprägten Rahmenbedingungen die Möglichkeiten und Grenzen einer effektiven Überwachung und Kontrolle individueller Kommunikationsvorgänge. Statt der Normen und Befugnisse standen nunmehr technische Aspekte im Vordergrund, die bei Eingriffsmaßnahmen eher zur Vorsicht mahnten. Und auch hier sorgten die Ereignisse vom 11. September 2001 für einen Salto rückwärts, dessen Folgen noch nicht absehbar sind. Diese Zäsur möchten wir an zwei Beispielen kurz darstellen.

Die Telekommunikationsüberwachungsverordnung (TKÜV) ist nach fast 6-jähriger Debatte Ende Januar 2002 in Kraft getreten. Allein die Tatsache, dass das ihr zugrundeliegende Gesetz (Telekommunikationsgesetz, § 88, 2 TKG) bereits 1996 verabschiedet wurde, belegt, dass die zentralen Konflikte zunehmend weniger im materiellen oder prozessuralen Strafrecht, als vielmehr in der technischen Dimension der Ermittlungsbefugnisse liegen. Denn allein diese werden durch die Verordnung geregelt, die Rechtslage ist hingegen mit der Verabschiedung TKG sowie den Eingriffsbefugnissen nach G10-Gesetz sowie §100a und §100b StPO unverändert. Daher kann eine im Grunde rein verwaltungstechnische Verordnung in den Fokus kontroverser politischer und gesellschaftlicher Debatten geraten, da sie einerseits den Kreis der Verpflichteten bestimmt, und andererseits über die Art und Weise der von diesen Netzbetreibern vorzuhaltenden technischen Vorrichtungen sowohl die Eingriffstiefe in die technische Infrastruktur als auch die Kosten bestimmt (denn diese haben nach § 88, 1 TKG allein die Betreiber zu tragen). Der erste Versuch einer TKÜV scheiterte 1998 genau an diesen Fragen, da sie letztlich Konzepte aus der analogen Sprachtelefonie direkt auf digitale, paketvermittelte Kommunikation zu übertragen versuchte und sogar Betreiber von ISDN-Verteilnetzen und Firmennetzen zur Vorhaltung von Überwachungsschnittstellen verpflichten wollte. Obgleich sie den Kreis der Verpflichteten stark eingrenzte, blieb auch die Neuauflage der TKÜV umstritten. Sie sah nicht weniger als die Einrichtung von Online-Netzzugängen vor, über die im Einzelfall die Ermittlungsbehörden zugreifen können. Jeder Server und jeder Router in Deutschland hätte eine entsprechende Vorrichtung aufweisen müssen. Durch die Kosten wären gerade TK-Dienstleister, die sogenannten Carrier, unverhältnismäßig hoch belastet worden. Weitaus schwerer wog allerdings aus politischer Sicht das Argument, dass flächendeckend installierte, standardisierte Schnittstellen unter dem Aspekt der IT-Sicherheit äußerst kritisch zu beurteilen sind. Die dynamischen, komplexen und hard- wie softwareseitig nur begrenzt sicheren Grundlagentechnologien der neuen IuK-Netzwerke würden durch derartige Soll-Einbruchstellen noch unsicherer. Angriffe jeder Form, von Datendiebstahl und –manipulation über Denial-of-Service-Attacken bis hin zu Wirtschaftsspionage (auch befreundeter Stellen,

Stichwort ‚Echolon'), würden durch diese technologische Monokultur erheblich erleichtert. Proteste aus Politik und Wirtschaft haben diese tief eingreifende und IT-sicherheitskritische Lösung verhindert und eine kleine Lösung mit isolierten, punktuellen Übergabepunkten auf gerichtliche Anordnung durchgesetzt, wie sie jetzt in Kraft getreten ist. Aber auch diese TKÜV ist vom Wandel infolge des Anschlages auf das WTC betroffen. In § 1, 1b der TKÜV ist die sogenannte strategische Auslandsüberwachung nach §§ 5 und 8 des G-10-Gesetzes ausdrücklich aus dem Verordnungszweck herausgenommen worden. Der Grund lag nicht zuletzt in den technischen Besonderheiten der Überwachung zwar grenzüberschreitender, aber dennoch paketvermittelter und daher schwer lokalisierbarer und dechiffrierbarer Kommunikationsinhalte. Da die Bekämpfung des internationalen Terrorismus allerdings genau an dieser grenzüberschreitenden Kommunikation ansetzen sollte, werden derzeit Gespräche geführt, die strategische Auslandsüberwachung in die TKÜV einzubeziehen. Uns erscheint eine Lösung, die nicht die Umleitung des gesamten grenzüberschreitenden Mail- und IP-Verkehrs über wenige – von wem in welcher Form? – kontrollierte Server vorsieht, derzeit nicht in Sicht. Eine derartige zentrale Umleitung wäre aber das Angriffsziel schlechthin und ist aus Sicherheitserwägungen wie aus Datenschutzperspektive nicht zu verantworten.

Den Wandel (zurück) zu einem traditionellen Sicherheitsverständnis und einer entsprechenden –politik markiert aber insbesondere auch das sogenannte zweite Sicherheitspaket der Bundesregierung, das in den letzten Dezemberwochen des vergangenen Jahres unter hohem Zeitdruck verhandelt und vom Deutschen Bundestag beschlossen worden ist. Es bezieht sich auf den klassischen Sicherheitsbereich und sieht zahlreiche Einzeländerungen in mehreren Gesetzen vor. Hier stehen insbesondere Kompetenzerweiterungen der Ermittlungsbehörden und Nachrichtendienste (z.B. Bundesverfassungsschutz, BND, MAD, BKA), Aufgabenerweiterungen des Bundesgrenzschutzes sowie Verschärfungen der ausländerrechtlichen Bestimmungen und des Sicherheitsüberprüfungsgesetzes im Vordergrund. Es öffnet ferner das Pass- und Personalausweisgesetz hinsichtlich biometrischer Sicherheitsmerkmale. Das Gesetz insgesamt steht hier nicht zu Diskussion, denn dass die unbestreitbar neue Sicherheitslage nach dem 11. September auch neuer Antworten bedarf, ist unstrittig. Die Ausweitung der Befugnisse und auch die bessere Koordinierung der Ermittlungsaktivitäten ist unter den gegenwärtigen Bedingungen sicherlich notwendig. Hier soll das Sicherheitspaket aber als ein Indiz dafür angeführt werden, dass gegenwärtig die Ziele einer hinreichenden Rechtsdurchsetzung und effizienten Strafverfolgung bereits eine hinreichende Begründung liefern, ohne dass ausreichend über die Zweckmäßigkeit, die Realisierungschancen und mögliche „Nebenwirkungen" der neuen Regelungsansätze diskutiert worden ist.

Dies belegt zum einen die unter dem Aspekt der internationalen Terrorismusbekämpfung wohl kaum zweckmäßige Absicht, weitere biometrische Merkmale auf den Personalausweisen deutscher Staatsbürger aufzubringen.

Weder kann das Problem der Mehrfachidentitäten oder verschollener Ausweispapiere bei ausländischen Staatsbürgern damit gelöst werden, noch erscheint es unbedingt notwendig, das Schutzniveau deutscher Dokumente weiter zu erhöhen. Nach Aussagen des bayerischen Landeskriminalamtes hat es bislang zumindest noch keinen belegten Fall eines gefälschten deutschen Personalausweises gegeben. Zwar ist nach Ansicht der Experten möglich, dass Fälschungen handwerklich von so hoher Qualität sind, die es bislang selbst Experten unmöglich war, diese zu erkennen. Für das sehr wohl bekannte Problem *echter* Ausweispapiere mit *falschen* Identitäten liefern aber auch biometrische Daten keine Lösung. Ganz im Gegenteil: Inzwischen durchgeführte Studien belegen, dass die derzeit verfügbaren biometrischen Verfahren leicht umgangen oder manipuliert werden können, und neue Umgehungsmöglichkeiten erst schaffen könnten.

Zum Zweiten zeigt die Schaffung einer eindeutigen Rechtsgrundlage für den Einsatz eines umstrittenen Gerätes zu Lokalisierung und Funktionsunterdrückung von Mobilfunkteilnehmern (des sogenannten IMSI-Catcher), dass auch eventuelle Nebeneffekte vernachlässigt werden. Sowohl die Auswirkungen des Gerätes auf unbeteiligte Dritte – hier ist von Funktionsstörungen bis hin zum Totalausfall vom 3-30 Minuten die Rede – als auch die Frage, ob das Gerät auch bereits Gesprächsinhalte hörbar machen kann, konnten nicht abschließend beurteilt werden. Dennoch ließ das aktuell ausgeprägte Sicherheitsbedürfnis und der Zeitdruck auch diese Aspekte in den Hintergrund treten.

Immerhin sollte, und dies ist ein positiver Aspekt, darauf hingewiesen werden, dass offenbar auch das Sicherheitspaket II nicht die jüngsten Entwicklungen in der Form der Gesetzgebung vollständig zurückdrehen konnte: Mit der auf Initiative der Koalitionsfraktionen erfolgten grundsätzlichen Befristung der Maßnahmen und der Kopplung einer eventuellen Verlängerung an eine positive Evaluierung sind zwei zentrale Momente der neuen Formen moderner Gesetzgebung auch unter den derzeitigen schwierigen Rahmenbedingungen realisiert worden. Dennoch darf dies nicht den Blick dafür verstellen, dass gegenwärtig in der IuK- wie Netzpolitik allein die richtigen Intentionen des digitalen Sicherheitsstaates dominieren und die verantwortungsethische Prüfung der Folgen und Auswirkungen allein der Zeit anheim gestellt werden.

## 3. Globale Netz- und Medienkultur als Rechtskultur der Ambivalenz

Die globale Netz- und Medienkultur zeigt sich in keinem Bereich so nachhaltig wie in der realen und virtuellen Sicherheitspolitik. Medien- wie Netzkultur gehen nicht von dem Ziel absoluter Sicherheit aus, sondern stellen technische und normative Ambivalenz der neuen IuK-Möglichkeiten und Kommunikationszusammenhänge in den Mittelpunkt. Vergleichbar hat der Bundesverfassungsrichter Prof. Hassemer in einem Vortrag vor dem 7. Deutschen Sicherheitskongress des Bundesamtes für Sicherheit in der Informationstechnik am 14. Mai 2001 überzeugend dargelegt, weshalb Sicherheit auch heute noch als ambivalenter Begriff aufzufassen sei. Die Sicherheit *durch* den Staat ist sicherlich in Fragen der äußeren Sicherheit oder der Wahrung der verfassungsrechtlich garantierten Grundrechte nach wie vor eine wichtige und berechtigte Perspektive, dennoch dürfe zu deren Gunsten nicht der Aspekt der Sicherheit vor dem Staat völlig ausgeblendet werden. Und dies gilt, so muss man ergänzen, wieder im ambivalenten Sinn: Die Individuen und Unternehmen sind nicht nur vor einer Störung des Gleichgewichtes zwischen den Grundrechten einerseits und bestehenden rechtsstaatlichen Schutzinstrumenten andererseits zu bewahren – also vor Möglichkeiten einer ungerechtfertigten und unkontrollierbaren Erfassung, Zensur, Manipulation und auch Kontrolle von Daten, Informationen und Kommunikation, wie sie etwa Merkmale repressiver Staaten sind. Darüber hinaus sind sie auch von den negativen Begleiterscheinungen in bester Absicht vorgenommener staatlicher Maßnahmen zur Steigerung der Sicherheit zu schützen, die weder der Komplexität der Sachlage angemessen, noch dem Regelungsziel tatsächlich dienlich sein können.

Die Übertragung von Grundsätzen staatlichen Handelns aus der analogen Welt auf die digitale, durch technologische Dynamik und transnationale Dimension geprägte Welt des Cyberspace wird mittelfristig mehr Probleme schaffen als lösen. Worin es münden kann, wenn nationale kulturelle Lösungsmuster auf globale transnationale Gegenstände angewendet werden, zeigt folgendes Beispiel: Kurz nach den Anschlägen des 11. September 2001 hat der renommierte britische Militärhistoriker John Keegan mit nüchterner Klarheit analysiert, dass Verschlüsselungen in jeder Form aus Sicherheitsgründen verboten gehören und die wenigen Internetprovider (in Schurkenstaaten?), die dennoch verschlüsselte Kommunikation zulassen, schlicht mit Cruise Missiles bombardiert werden sollten (so Florian Rötzer in www.telepolis.de vom 17.09.2001). So befremdlich derartige Konzepte auch wirken, sie entbehren nicht einer gewissen konsequenten Logik. In der digitalen Welt gibt es keine klassischen Kompromisslösungen, ist Effizienz und auch IT-Sicherheit kaum teilbar. Lösungsansätze aus der Offlinewelt werden im Cyberspace, wenn sie ernst genommen würden, selbst zum Problem (und dies nicht nur für Provider in Libyen oder dem Irak).

Dabei entbehrt es nicht einer gewissen Ironie, dass der Staat derzeit seine klassischen Steuerungskompetenzen gerade in einem Bereich wiederzugewinnen sucht, der bisher wie kaum ein anderer für die Erosion von unilateralen Handlungspotenzialen und der Durchsetzbarkeit nationaler Sonderwege steht. Der Staat im digitalen Zeitalter wird dennoch weder eine ausreichende Kontrolle ausüben, noch einen hinreichenden Schutz in den IuK-Netzen in einem Maße gewähren können, wie er es aus der Vor-Internet-Zeit kennt.

Cybercontrol und Cyberprotection können keine staatliche Gewährleistungsaufgabe werden, ohne nachhaltige Ungleichgewichte im demokratischen ‚check-and-balance'-System zu erzeugen. Dieses kann durchaus als eine zentrale Erkenntnis der globalen Medien- und Netzkultur betrachtet werden: die gegenseitige Unabhängigkeit von Ordnung bzw. Sicherheit und Recht, wie sie beispielsweise in dem geflügelten Wort *law and order* ihren Ausdruck findet, übersieht die friedensstiftende und zivilisierende Wirkung verbindlichen, gegenseitig als legitim erachteten Rechts. Weder Ordnung noch Recht sind Werte an sich, die jede Ambivalenz aufzulösen vermögen, denn erstere kann nur aus den ausgleichenden Effekten rechtlicher Verfahrenssicherheit erwachsen und letzteres darf keine praxisferne akademische Kunstübung werden. Der Trend zur internationalen Harmonisierung der Rechtsordnungen baut somit auf internationale Kooperation auf und verlangt von allen Seiten notgedrungen Kompromisse und Anpassungen auch in den eigenen Wertvorstellungen. Gerade aus demokratietheoretischer Sicht muss daher nicht das nationale Interesse oder die Moral, sondern das Recht als bisher bestes Instrument angesehen werden, eine hinreichende Sicherheit und Ordnung ohne eine völlige staatliche bzw. zentrale Kontrolle und einen die notwendigen Freiräume lähmenden Schutz durch den Staat zu gewährleisten – *order by law* ist heute wichtiger denn je, und genau dies ist der Kern der globalen Rechts- und Netzkultur.

*Inge Maria Burgmer*

# Entwicklungspotentiale der New Economy in Deutschland

## 1. Zur Einordnung: Die New Economy ist kein Branchenphänomen, sondern Ausdruck eines Paradigmenwechsels in der Ökonomie

Zur Einordnung: Nicht einmal die Herkunft des vermeintlichen oder tatsächlichen Zauberwortes New Economy lässt sich zweifelsfrei bestimmen. Der Präsident der amerikanischen Zentralbank, Alan Greenspan, und der ehemalige Herausgeber und heutige Autor des legendären Internetmagazins „Wired", Kevin Kelly, gehören zum engeren Kreise der potentiellen Schöpfer. Gleichwohl existieren inzwischen eine Vielzahl synonymer Begriffe: Von Digital Capitalism (Daniel Schiller) und Smart Capitalism (Matthias Horx) ist die Rede, von Internetökonomie, Neuer Wirtschaft, und Network Economy, aber auch von Old and New Economy, True Economy und Real Economy (Paulus Neef), gar von Next Economy (Elliott Ettenberg) und der Version 2.0 der Internetwirtschaft, der New New Economy (Roland Berger) wird gesprochen.

Der dominierende Begriff allerdings ist ohne Zweifel nach wie vor der der New Economy, ohne dass eine eindeutige und anerkannte Definition verfügbar, geschweige denn das Phänomen hinreichend beleuchtet worden wäre. Wenn hier im Folgenden die Entwicklungspotentiale ausgelotet werden, dann ist New Economy nicht als Branchenphänomen, sondern als Beschreibung des jüngsten Paradigmenwechsels in der Ökonomie zu verstehen. New Economy steht für den Einzug der digitalen Informations- und Kommunikationstechnologien in alle Bereiche der Wirtschaft, und damit für eine veränderte Form des Wirtschaftens. Heute arbeiten eben nicht nur neu gegründete Unternehmen, die sich auf rein internetbasierte Produkte und Dienstleistungen spezialisiert haben, mit digitalen Werkzeugen, auch die gesamte Wertschöpfungskette in der klassischen Wirtschaft – Beschaffung, Produktion und Vertrieb – wird mit deren Hilfe sukzessive verwandelt und nicht zuletzt vernetzt. Insbesondere das Innovationspotential des Internets steigert die Effizienz der Marktsteuerung substantiell und führt zu hoher Transparenz auf nationalen und internationalen Märkten. Es eröffnet Unternehmen zudem die Chance, sich durch intelligentes Outsourcing auf die eigentlichen Kernkompetenzen zu konzentrieren, und reduziert Transaktionskosten. Damit werden ökonomische Gesetzmäßigkeiten nicht außer Kraft gesetzt, und – um David S. Bennahum zu zitieren – auch weiterhin gilt: „At the end of the day, cashflow is cashflow.“ Dennoch verändern unternehmensübergreifende Netzwerkstrukturen und elektronische Märkte die Weltwirtschaft tiefgreifend und entfalten hohes gesamtwirtschaftliches Wirkungspotential und führen damit zu einem Paradigmenwechsel in der Ökonomie.

## 2. Eine neue Führungskultur als conditio sine qua non für eine erfolgreiche Neuausrichtung der Wirtschaft

Die Radikalität des Wandels, die mit diesem Paradigmenwechsel einhergeht, ist in den Vorstandsetagen der deutschen Wirtschaft in ihrer ganzen Dimension allerdings bis heute nicht erfasst worden. Die Vorstellung, wonach Wissen Macht und damit ein probates Herrschaftsinstrument sei, feiert – entgegen aller anders lautenden Lippenbekenntnisse – nach wie vor fröhliche Urständ. In einer wissensbasierten Gesellschaft aber sollten auch in den Unternehmen alle bereit sein, Wissen konsequent zu teilen. Kommunikations- und Kooperationsfähigkeit zählen heute zu den Schlüsselqualifikationen. Der von Reinhard K. Sprenger angemahnte Individualismus ist denn auch ein Individualismus mit kooperativem Vermögen. Menschliche Kompetenz ist der Schlüsselfaktor für die Neuausrichtung der Wirtschaft.

An der zentralen Bedeutung des Faktors Humankapital lässt auch Leo A. Nefiodow keinen Zweifel. In seiner bemerkenswerten Studie „Der sechste Kondratieff“ hält er fest: „In der Spätphase des fünften Kondratieff arbeiten mehr als 80 Prozent der Menschen vorwiegend mit Menschen zusammen, die Schnittstelle zwischen Menschen wird zur wichtigsten Quelle für Produktivität, Wettbewerbsfähigkeit und Wachstum. [...] Die wichtigste Wachstumsbarriere des sechsten Kondratieff ist die unzureichende Produktivität der zwischenmenschlichen Beziehungen“ (1999: 137).

Peter Glotz formuliert im gleichen Kontext: „Mehr als unsere kurzen Arbeitszeiten hindern uns Spezialistentum, Mangel an ganzheitlicher Kompetenz oder eindimensionale Blickrichtung am Erfolg.“ (Kernkompetenzen im digitalen Kapitalismus, 2001: 237).

Auch Matthias Horx unterstreicht die Notwendigkeit, den ganzen Menschen in den Mittelpunkt der Mehrwertschöpfung zu rücken (2001: 36).

Managementberater, Ökonomen, Kommunikationswissenschaftler und Trendforscher liegen in der Analyse mithin dicht beieinander. Der interdisziplinäre Konsens hat bislang aber zu keinem wirklichen Wandel der Führungskultur in der breiten Masse der Unternehmen geführt. Dabei sind Glaubenssätze wie der, dass die Bedeutung des Humankapitals im Vergleich zu der des Realkapitals in der wissensbasierten Ökonomie exorbitant zunimmt, da die ganzheitliche Kompetenz des Menschen darüber entscheidet, ob die für die Produktion benötigten anderen Ressourcen wie Realkapital und Technologie optimal eingesetzt und fortentwickelt werden, allenthalben zu vernehmen. Es gibt inzwischen kein ernst zu nehmendes Handbuch moderner Unternehmensführung mehr, in dem Mitarbeiter nicht als wertvollste Ressource eines jeden Unternehmens bezeichnet werden.

Die Praxis spricht demgegenüber immer noch eine andere Sprache. Einer der profiliertesten Managementberater in Deutschland, Reinhard K. Sprenger, bringt die gegenwärtige Situation in deutschen Führungsetagen auf den Punkt: „Keineswegs sollen mit einzigartigen Menschen unvergleichliche Produkte und unverwechselbare Unternehmen geschaffen werden. Stattdessen heißen die Sehnsüchte nach wie vor Firmensoldatentum, Geschlossenheitskartell und Konformität. Der Mensch ist nicht Partner, sondern Erfüllungsgehilfe" (2001: 31).

Tatsächlich aber muss – da bin ich mit Reinhard K. Sprenger einer Auffassung – Führung komplett neu gedacht werden. Hohe Kommunikations- und Kooperationsfähigkeit, analytische und planerische Kompetenz, Kreativität, das Vermögen, permanent flexibel zu reagieren, selbstbewusstes und eigenverantwortliches Denken und Handeln und die Fähigkeit zur selbständigen Problemlösung sind ohne Zweifel die Schlüsselqualifikationen, die ganzheitliche Kompetenz ausmachen.

Führung muss diese übergeordneten Fähigkeiten nicht nur stillschweigend gelten lassen, sie muss sie vielmehr offensiv und für alle sichtbar fördern und belohnen. Führung, die eigenverantwortliche Menschen wirklich schätzt, kommuniziert auf Augenhöhe. In der Konsequenz bedeutet das auch, dass sie hohe Erwartungen an die Mitarbeiter stellt und deren Zielsetzungen ernst nimmt. Dies ist dann auch der Boden, auf dem eine neue Führungs- und Unternehmenskultur gedeihen kann. Flache Hierarchien sind bei einem solchen Ansatz selbstverständlich. Die für den unternehmerischen Erfolg so dringend benötigten kurzen Reaktionszeiten auf die sich ständig verändernden Marktbedingungen ergeben sich mit einer solchen Führungskultur quasi von allein. So verstanden ist sie für die Herausforderungen der Zukunft eine conditio sine qua non.

## 3. New Economy als Chance des Mittelstandes, die gegenwärtigen Herausforderungen anzunehmen

Der Mittelstand bildet das Rückgrat der deutschen Wirtschaft. Zur Vergegenwärtigung die Zahlen: 99,6 Prozent aller umsatzsteuerpflichtigen Unternehmen und Freiberufler gehören nach Angaben der Bundesregierung zum sogenannten Mittelstand. Der Definition des Bonner Instituts für Mittelstandsforschung folgend handelt es sich dabei um Firmen mit weniger als 500 Beschäftigen und einem Jahresumsatz von bis zu 50 Millionen Euro. Danach existieren in Deutschland 2002 3,3 Millionen kleine und mittlere Unternehmen mit 23 Millionen Beschäftigten, mithin 70 Prozent aller Arbeitnehmer. Zugleich stellt der Mittelstand mit 1,2 Millionen Ausbildungsplätzen 80 Prozent des Angebotes für Jobeinsteiger. Der Anteil an der Bruttowertschöpfung liegt heute bei 57 Prozent (http://www.bmwi.de/Homepage/Politikfelder/Mittelstandspolitik/Zukunft, 27.03.2002).

Rund 700.000 der 3,3 Millionen Unternehmen des Mittelstandes stehen zu Beginn des 21. Jahrhunderts vor zwei großen Herausforderungen, die untrennbar miteinander verbunden sind: der anstehende Generationswechsel und die Fähigkeit, schnell und flexibel auf die wachsenden Anforderungen der Märkte zu reagieren. Jährlich sehen sich etwa 80.000 Unternehmen mit der komplizierten Frage der Übergabe an die nächste Führungsgeneration konfrontiert. Nur ein Drittel der Unternehmen insgesamt hat sich bisher mit dieser für den ökonomischen Erfolg und damit für die Zukunftsfähigkeit so zentralen Fragestellung beschäftigt und sich auf den Führungswechsel konsequent vorbereitet. Unterlassene oder fehlerhafte Nachfolgeregelungen aber führen in vielen Fällen zu Insolvenzen. Nur durch einen radikalen Wandel der Führungskultur indes kann der Generationswechsel erfolgreich vollzogen und ein Höchstmaß an Marktflexibilität langfristig sichergestellt werden.

Hier liegt die Chance der New Economy für den Mittelstand. Angesichts der zunehmenden Globalisierung und der damit verbundenen Öffnung neuer Absatz- und Einkaufsmärkte sind es vor allem die Potentiale durch die dramatischen Veränderungen der Informations- und Kommunikationswege, die es auszuschöpfen gilt. In diesem Prozess ist die Etablierung einer neuen Führungskultur, spätestens aber mit dem Generationswechsel auch im Mittelstand eine unerlässliche Voraussetzung. Verwiesen sei hier auf die Ausführungen im vorangegangenen Gliederungspunkt. Nur so viel sei an dieser Stelle festgehalten: Die Notwendigkeit eines unternehmerischen Wertewandels auch im Mittelstand ist unbestritten. Er setzt einen mentalen Wandel in der Unternehmensführung der Väter und Söhne, Mütter und Töchter voraus. Ein schwieriger Prozess, der ein zeitgemäßes Kulturverständnis innerhalb des Unternehmens erfordert und vor allem dessen entsprechende Umsetzung in der Kommunikation nach innen und nach außen. Ängste müssen sukzessive abgebaut, Hierarchien verflacht werden. Nicht nur potenzielle Nachfolger in der Unternehmensführung, auch Mitarbeiter benötigen angesichts der hohen Komplexitäts-, Flexibilitäts- und Kommunikationsanforderungen gleichermaßen Vertrauen und maximalen Freiraum zur individuellen Entfaltung. Auch für mittelständische Familienunternehmen gilt: Kurze Reaktionszeiten sind nur in flachen Hierarchien und mit selbstbewussten und eigenverantwortlich handelnden Mitarbeitern zu erzielen. Firmen mit offener Kultur werden die Gewinner der Zukunft sein. Nur sie können von den Segnungen der New Economy nachhaltig profitieren.

So werden diejenigen Unternehmen überleben und langfristig erfolgreich sein, die in der Lage sind, sich im Zuge der fortschreitenden Digitalisierung der Wirtschaft an die sich immer schneller wandelnden Marktbedingungen permanent anzupassen. Und das ist ausdrücklich keine Frage der Größe. In allen Branchen gelingt es kleinen Unternehmen immer wieder, durch digitale Werkzeuge und kurze Entscheidungs- und damit Umsetzungszeiten einen Schritt schneller zu sein und ausgewählte Nischen zu besetzen. An dieser Stelle eine Randnotiz: Hier wird deutlich, dass schon heute eine Unterscheidung in Old und New Economy nicht mehr möglich und auch nicht sinnvoll ist. Die Digitalisierung der Wirtschaft durchdringt alle Unternehmen aller Branchen, ob Anbieter oder Nutzer der Technologien, und sie berührt alle Unternehmensbereiche; entlang der gesamten Wertschöpfungskette ist sie heute in vielen Bereichen bereits Realität: beim Einkauf, bei der Produktion, bei interner und externer Kommunikation, bei Logistik und Handel und bei Service und Marketing. Es handelt sich dabei um den jüngsten Paradigmenwechsel in der Ökonomie.

Keineswegs kann die Digitalisierung der mittelständischen Wirtschaft allerdings als abgeschlossen gelten. Nach wie vor besteht im Mittelstand hoher Investitionsbedarf in Hard- und Softwarelösungen und digitale Organisationsprozesse. Der Aachener Online-Marktforscher Dialego kommt in einer Studie von April 2002 zu einem vielversprechenden Ergebnis. Danach sehen rund drei Viertel der 319 befragten E-Business-Entscheider im Mittelstand den „Wachstumsmotor" für die New Economy. In sogenannte CRM[1]-Lösungen beispielsweise wollen mittelständische Unternehmen 29% mehr als im Vorjahr investieren, um ihre Kundenbeziehungen digital besser zu pflegen. Auch Systemintegration ist nach wie vor ein Wachstumssegment. Zudem wächst der Druck auf Mittelständler, in E-Business zu investieren, und zwar im professionellen Sinne, mithin in intelligente Komplettlösungen. Insbesondere die Automobilzulieferer werden indirekt ins Internet gezwungen. Begründung eines auf den Mittelstand spezialisierten E-Business-Experten der IKB Deutsche Industriebank in Düsseldorf: „Die Datenvolumina, die vor allem die Zulieferer in vielen Branchen bewältigen müssen, sind nur mit professionellen Lösungen zu stemmen."

Was den Einzug der New Economy in den Mittelstand nach wie vor schwierig gestaltet, ist das Faktum, dass viele Mittelständler ihre IT-Projekte eher als Produkt und nicht als Prozess betrachten, der komplette Geschäftsabläufe verändert. Zwar verfügten große mittelständische Unternehmen nicht über weniger Komplexität als so mancher große Konzern, „aber die Denkstrukturen sind mittelständisch", begründet ein befragter Experte von Cap Gemini Ernst & Young in Deutschland (Ergebnisse der Dialego-Studie zitiert nach Handelsblatt-Netzwert, 15.04.2002: N1).

---

1 CRM = Customer Relationship Management

Demgegenüber steht ein in der aktuellen Dialego-Studie vernachlässigter großer Hoffnungsträger für einen raschen Wandel solcher traditionellen mittelständischen Denk- und Organisationsmuster: der zunehmende Wettbewerbsdruck angesichts der fortschreitenden Globalisierung. Zusätzlich erhöht wird der Druck durch die in vielen Familienunternehmen ungelöste Nachfolgefrage. Sie zwingt die Eigentümer, den präzisen Erwartungen der neuen Managementgeneration Rechnung zu tragen. Externe Spitzenkräfte sind nur durch ein Führungsumfeld zu gewinnen, das die besonderen Wettbewerbsvorteile der Kleinen, namentlich Eigenverantwortung, Kreativität, Flexibilität und Schnelligkeit, eindeutig lebt und herausstreicht.

Festzuhalten bleibt: Der jüngste Paradigmenwechsel in der Ökonomie vollzieht sich sukzessive auch in mittelständischen Unternehmen. Die Entwicklungspotenziale der New Economy sind hier mithin vielversprechend.

## 4. Die New Economy als Katalysator des Transformationsprozesses traditioneller Industriekonzerne zu Service- und Dienstleistungsunternehmen mit angeschlossener Produktion

Nicht minder viel versprechend sind die Entwicklungspotentiale im Bereich der Großkonzerne zu bewerten, wenn auch aus anderen Gründen. So führt die konsequente Implementierung der digitalen Informations- und Kommunikationstechnologien zu einer Tertiarisierung des industriellen Sektors, eine Entwicklung, an deren Ende ein neuer Schlüsselsektor der Volkswirtschaft stehen wird. Der New Economy kommt in diesem Prozess der Transformation traditioneller Industriekonzerne eine Katalysatorfunktion zu. New Economy steht darüber hinaus auch für den Einzug der digitalen Informations- und Kommunikationstechnologien bei den Konsumenten. Der Konsument wird vom Warenempfänger zum Warengestalter, ein Aspekt, der den Markt bei Nichtbeachtung in die Knie zwingen kann. Das Cluetrain Manifesto, die ‚Business-Bibel' der New Economy, formuliert es als These 18 seiner 95 Thesen so: „Unternehmen, die nicht realisieren, dass ihre Märkte jetzt von Mensch zu Mensch vernetzt sind, deshalb immer intelligenter werden und sich in einem permanenten Gespräch befinden, verpassen ihre wichtigste Chance" [Deutsche Übersetzung – http://www.cluetrain.org).

Die Automobilhersteller wollen diese Chance offenkundig nicht versäumen. Sie entwickeln sich sukzessive von Automobilbauern zu Anbietern von Mobilität. Über die Pflege ihrer Marken als Imagefaktor hinaus richten sie heute ihr Hauptaugenmerk vor allem darauf, mit individuell geschnürten Service- und Dienstleistungspaketen Klienten zu gewinnen und – wichtiger noch

– langfristig an sich zu binden. Karlheinz Blessing spricht mit Blick auf die neuen Mobilitätsanbieter zu Recht von „Service- und Dienstleistungsunternehmen mit angeschlossener Produktion“ (Redemanuskript zur Sitzung der SPD-Programmkommission vom 19.10.2001: 4). Mit flankierenden Finanzierungs- und Versicherungsdienstleistungen wurde der Reigen eröffnet. Inzwischen gibt es in der Fortentwicklung über ausgefeilte Leasingangebote hinaus jede Art von maßgeschneiderten Servicepaketen mit allen denkbaren Ingredienzien: GPS, Mobiltelefon, mobiler Internetzugang, komplette mobile Büroausstattung, Motor-Management-System, Wartungs-, Reparatur- und Pannenservice, Bereitstellung eines Ersatzfahrzeuges, Kreditkarten, Hotelarrangements und vieles mehr. Das heißt: Die klassischen Automobilhersteller verkaufen heute nicht mehr in erster Linie das industrielle Produkt Auto, sondern bieten Komplettlösungen zur umfassenden Mobilität. Problemlösungen für den Kunden stehen im Mittelpunkt der Entwicklung solcher Service- und Dienstleistungsangebote.

Ähnliche Entwicklungen lassen sich auch für die Computerbranche nachzeichnen. Alle namhaften Hersteller bieten inzwischen individuell konfigurierte Hard- und Softwarepakete als Systemlösungen mit umfangreichen Serviceleistungen im Rahmen von Leasingverträgen an. Auch hier steht nicht das Produkt Rechner, sondern das maßgeschneiderte Service- und Dienstleistungspaket im Fokus.

Eine weiterentwickelte Form der strikten Kundenorientierung ist ein Modell, das inzwischen nach dem Unternehmen, welches dies im großen Stil erfolgreich umgesetzt hat, benannt wird: das sogenannte Dell-Modell. Dem zunehmenden Verlangen der Kunden nach einer Individualisierung auch des zu fertigenden Produktes, dem Kern aller Komplettlösungen, trägt die Dell Computer Corporation aus Round Rock in Texas damit Rechnung. Via Internet oder Telefon kann der Kunde sich damit auch seinen zukünftigen Rechner und das entsprechende Umfeld selbst individuell konfigurieren. Dabei unterscheidet sich das Produkt in seinen einzelnen Bestandteilen nicht von standardisierten Rechnern. Voraussetzung ist lediglich, dass die Modularisierung und Standardisierung der Einzelteile und Arbeitsschritte bis ins kleinste Detail reichen und jedes Modul eine unabhängige Einheit bildet; ein Prinzip, das die Old Economy im Zuge der permanenten Optimierung des Supply Chain Management bereits entwickelt hat.

Grundlage des Dell-Modells ist mithin die direkte Kundenbeziehung. „Direkt“ beschreibt hier das Verhältnis des Computerherstellers zu seinen Kunden, und das gilt für Privatanwender in gleicher Weise wie für große Unternehmen im Weltmaßstab. Es gibt weder Zwischenhändler noch andere Wiederverkäufer. Jedes System von Dell wird erst auf Bestellung hin nach genauen Kundenwünschen gebaut. Mit dieser individuellen Herstellungs- und Vertriebsstrategie kann der texanische Computerhersteller höchstes Qualitätsniveau seiner Systemlösungen zu angemessenen Preisen gewährleisten und gleichzeitig dem Verlangen der Kunden nach mehr Individualität der Produkte

Rechnung tragen. Zudem bringt er mit seinem Modell technologische Innovationen deutlich schneller auf den Markt als die Konkurrenten mit indirekten Vertriebswegen. Lagerbestände werden nach eigenen Angaben bei Dell nicht älter als fünf Tage, was die Lagerkosten minimiert und technologische Aktualität sicherstellt. So werden heute über das Internet – unternehmenseigenen Angaben folgend – etwa 50 Prozent der Umsätze generiert und 76 Prozent aller Bestellvorgänge online initiiert (http://www.euro.dell.com).

Dass die angegebenen drei bis fünf Tage als durchschnittliche Herstellungs- und Lieferzeit sich noch im Bereich des Wunschdenkens bewegen und auch der „Vor-Ort-Service am nächsten Arbeitstag" keinesfalls immer gelingt, überschreibt Thomas Anderer in seinem jüngsten Werk über die New Economy mit den Worten „Der lange Weg zum Kunden" (2002: 133). Da wird sich die Realität wohl dem eigenen Anspruch schrittweise angleichen. Ein grundlegender Fehler lässt sich hier meines Erachtens nicht attestieren.

Trotz der aufgezeigten Defizite des Modells konnte Dell durch die kosteneffiziente Produktionsweise und den Direktvertrieb im vergangenen Jahr jedenfalls die Compaq Computer Corporation überholen und zum weltgrößten PC-Hersteller aufsteigen. Dass Dell inzwischen wieder Platz zwei einnimmt, beruht ausschließlich auf der jüngsten Übernahme von Compaq durch Hewlett-Packard. Die aktuellen Zahlen sind viel versprechend: Der jetzt wieder zweitgrößte amerikanische Computerhersteller hat im ersten Quartal ein ähnliches Ergebnis wie im Vorjahr erzielt und damit die Erwartungen der Analysten übertroffen. Die Prognosen für das laufende Quartal sind erhöht worden. Nach Interpretation der Analysten spricht vieles dafür, dass sich Dell von seinen Konkurrenten absetzen wird (Dell übertrifft die Erwartungen, in: FAZ vom 16.05.2002). Für die zukünftige Entwicklung bedeutet dies: Bei einer weiteren Optimierung birgt das Dell-Modell steigende Wachstumspotentiale.

Festzuhalten bleibt: Mit standardisierten Produkten alleine lassen sich heute keine erfolgreichen Kundenbeziehungen mehr etablieren, geschweige denn langfristig halten. Im Zuge des jüngsten Paradigmenwechsels in der Ökonomie rückt der Kundenprozess immer stärker in den Mittelpunkt aller Geschäftsideen und Geschäftsbeziehungen. Das gilt nicht nur für die exemplarisch dargestellte Automobil- und Computerbranche; es handelt sich naturgemäß um ein branchenübergreifendes Phänomen. Dabei sind die Entwicklungspotentiale erheblich. Dass Deutschland in vielen Bereichen heute immer noch einer Service- und Dienstleistungswüste gleicht, ist ein offenes Geheimnis. Rund um den Kundenprozess lassen sich mithin eine Vielzahl von Produktweiterentwicklungen und Individualisierungsprozessen denken, die enorme ökonomische Wachstumspotentiale bergen. Die New Economy wird diese Potentiale durch ihr technologisches Know-how und den veränderten Umgang mit den Bedürfnissen möglicher Kunden sukzessive auszuschöpfen wissen.

## 5. Ausblick: The Party is over? Im Gegenteil: Die Party beginnt erst. Anders gesagt: die Erfolgsgeschichte der New Economy hat erst begonnen.

Dass Basisinnovationen – die Auslöser der Zyklen nach Kondratieff – kein Selbstzweck sind, mit ihnen vielmehr Bedürfnisse der Menschen befriedigt werden, das hat Leo A. Nefiodow in seiner bereits gewürdigten Studie anschaulich dargelegt (1999: 136f.). Als Leitsektor, der den sechsten Kondratieff tragen wird, identifiziert Nefiodow „Gesundheit im ganzheitlichen Sinne". Die entstehende neue Wertschöpfungskette wird sich danach aus den Bereichen Information, Umwelt (einschließlich regenerierbare Energien), Biotechnologie und dem bisherigen Gesundheitssektor zusammensetzen. Dabei ist der fünfte Kondratieff, die Informationstechnik, unerlässliche Voraussetzung für den sechsten Zyklus. Nur mit Hilfe der Informationstechnik lassen sich die enormen Datenmengen in der Biotechnologie, beispielsweise bei der Analyse der Gene und Proteine, zu wertvollen Erkenntnissen verarbeiten. Auch für den Umweltschutz und den Gesundheitssektor ist die Informationstechnik heute unverzichtbar. Via Internet kann etwa von jedem PC dieser Welt aus eine direkte Verbindung zu den lokalen oder auch weltweiten Kompetenzzentren für Gesundheit hergestellt werden. Chronisch Kranke können rund um die Uhr online betreut, bei komplizierten operativen Eingriffen kann weltweit seitens der jeweiligen Spezialisten assistiert werden, Ferndiagnosen können gestellt, Medikationen im globalen Maßstab verordnet und überwacht werden und vieles mehr. Dabei verfügt allein der Gesundheitssektor über ein aktuelles Volumen von 5000 Milliarden US-Dollar weltweit.

Keine Frage: Die Vernetzung des fünften mit dem sechsten Kondratieff birgt ungeahnte Innovations- und Produktivitätspotentiale. So verstanden ist der Übergang zum sechsten Kondratieff ein einziges Konjunkturprogramm für die New Economy. Ihre Bedeutung für die Weltwirtschaft lässt sich vor diesem Hintergrund nicht hoch genug bewerten. Mit anderen Worten: Die Party beginnt erst!

## Literaturverzeichnis

Anderer, Thomas: Das Phönix-Phänomen. Die Entwicklung der New Economy in Deutschland und was wir daraus lernen können. Wiesbaden: Gabler, 2002.

Blessing, Karheinz: Redemanuskript zur Sitzung der SPD-Programmkommission vom 19.10.2001

Ettenberg, Elliott: The Next Economy. Will you know where your customers are? New York: McGraw-Hill, 2002

Castells, Manuel: The Information Age: Economy, Society and Culture. 3 Bände. Oxford: Blackwell, 1996.

Cluetrain Manifesto, http://www.cluetrain.org.

Dell übertrifft die Erwartungen, in: Frankfurter Allgemeine Zeitung vom 16.05.2002

Glotz, Peter: Die beschleunigte Gesellschaft. Kulturkämpfe im digitalen Kapitalismus. München: Kindler, 1999.

Glotz, Peter: Kernkompetenzen im Digitalen Kapitalismus. In: Müntefering, Franz/Machnig, Matthias (Hrsg.): Sicherheit im Wandel. Neue Solidarität im 21. Jahrhundert. Berlin: Berliner vorwärts Verlag, 2001, S. 237 ff.

Glotz, Peter: Von Analog nach Digital. Unsere Gesellschaft auf dem Weg zur digitalen Kultur. Frauenfeld/Stuttgart/Wien: Huber, 2001.

Grosz, Andreas/Delhaes, Daniel (Hrsg.): Die Kultur AG. Neue Allianzen zwischen Wirtschaft und Kultur. München/Wien: Hanser, 1999.

Horx, Matthias: Smart Capitalism. Das Ende der Ausbeutung. Frankfurt am Main: Eichborn, 2001

Nefiodow, Leo A.: Der sechste Kondratieff. Wege zur Produktivität und Vollbeschäftigung im Zeitalter der Information. Sankt Augustin: Rhein-Sieg Verlag, 1999.

Rifkin, Jeremy: The Age of Access. London: Penguin, 2000.

Schiller, Daniel: Digital Capitalism. Cambridge: MIT Press, 1999.

Sprenger, Reinhard K: Aufstand des Individuums. Warum wir Führung komplett neu denken müssen. Frankfurt/New York: Campus, 2001.

Wermelskirchen, Simone/Müller, Anja: Antrieb: Mittelstand. In: Handelsblatt-Netzwert, N 1 vom 15.04.2002.

# Die Autoren

Guido Alt, ist Vorstandsvorsitzender der Caatoosee AG. Er wurde geboren am 03. Januar 1961 in Eltville. Er studierte Germanistik, Politologie, Philosophie und Volkswirtschaft. 1996 gründete er die heutige caatoosee ag, mit der er im September 2000 an die Börse ging. Heute beschäftigt die caatoosee rund 770 Mitarbeiter in Deutschland, der Schweiz, Indonesien sowie Rumänien.

Holger Bill ist seit 1997 bei Accenture tätig. Er ist Partner im Bereich „Post & Public Services" im Berliner Büro. Holger Bill war nach seinem Studium der Informatik und der Betriebswirtschaftslehre an der TU Darmstadt in mehreren Berliner Beratungsunternehmen tätig – zuletzt als Geschäftsführer – mit dem Schwerpunkt auf Kunden in der öffentlichen Verwaltung. Im Rahmen seiner Tätigkeit beschäftigte er sich mit IT- und Reorganisationsprojekten der öffentlichen Hand, mit den Schwerpunkten Finanzwesen, Vorgangsbearbeitung und Ist-strategischen Fragestellungen zur Optimierung der Kundenbeziehungen zwischen öffentlicher Verwaltung, Bürger und Unternehmen.

Seit 1999 ist Holger Bill verantwortlich für den Bereich „Public Services" in Deutschland, der Schweiz und Österreich und baut diesen Bereich konsequent in Richtung „Implementierung von Verwaltungsmodernisierung" aus. In diesem Rahmen betreut er Projekte zur Reorganisation und Optimierung bei den Finanzministerien von Hessen, Sachsen-Anhalt und Baden-Württemberg. Weitere Projekte sind die Reorganisation des Schuldenmanagements des Bundesfinanzministeriums und die Entwicklung einer E-Government Strategie für die Stadt Zürich.

Malte Brettel (35) ist Mitgründer der abebooks Europe GmbH (ehem. JustBooks.de GmbH). Seit Januar 2002 ist er kommissarischer Leiter des Lehrstuhls Internationales Management an der Handelshochschule Leipzig (HHL) und Lehrbeauftragter für Entrepreneurship.

Edelgard Bulmahn ist seit 1998 Bundesministerin für Bildung und Forschung. Nach einem Studium der Politischen Wissenschaft und der Anglistik hat Frau Bulmahn bis zu ihrem Eintritt in den Bundestag 1987 als Studienrätin gearbeitet. Während ihrer Mitgliedschaft im Parlament war sie Sprecherin für Bildung und Forschung der SPD-Bundestagsfraktion und Vorsitzende des Ausschusses für Bildung, Wissenschaft, Forschung, Technologie und Technikfolgenabschätzung. Sie ist Landesvorsitzende der SPD in Niedersachsen und Mitglied des Parteivorstandes und des Präsidiums der SPD.

Inge Maria Burgmer, geb. 1962, ist Geschäftsführende Inhaberin der Burgmer Managementberatung in Berlin. Vor ihrer Unternehmensgründung hat sie als politische und ökonomische Beraterin in Politik, Industrie und einem Spitzenverband der deutschen Wirtschaft gearbeitet. Heute berät sie Top-Führungskräfte aus Politik und Wirtschaft in ökonomischen, strategischen und politischen Fragen. Coaching und Medientraining sind ergänzende Bestandteile ihrer Beratertätigkeit (E-Mail: imb@burgmer-managementberatung.de)

Hans Martin Bury ist als Staatsminister im Kanzleramt für die Koordination von Bund und Ländern und die Kontakte zu Bundesrat und Bundestag zuständig. Als Leiter des „Staatssekretärsausschusses für Nachhaltige Entwicklung" war er maßgeblich an der Entwicklung der Nachhaltigkeitsstrategie der Bundesregierung beteiligt. Darüber hinaus leitet er die ressortübergreifende „Projektgruppe Informationsgesellschaft", in der Initiativen der Bundesregierung zur Gestaltung der Informationsgesellschaft koordiniert werden.

Florian Heinemann (26) ist Mitgründer der abebooks Europe GmbH (ehem. JustBooks.de GmbH) und war dort bis April 2002 verantwortlich für die Bereiche Marketing, Produktentwicklung und Content. Vor der Gründung von JustBooks schloss er im September 1999 das Studium der BWL an der WHU Koblenz erfolgreich ab. Derzeit arbeitet er an einer Promotion zum Thema Unternehmensgründung sowie als freier Berater.

Gerald R.W. Heydenreich (Dipl. Bwt., MIM) studierte Betriebswirtschaftslehre und Internationales Management an der European Business School in Deutschland, Frankreich und in den USA an der AGSIM – Thunderbird. Nach seinem Studium arbeitete er zunächst für den Vorstand der Hoechst AG als International Management Associate, wo er zunächst im Bereich Wissensmanagement, später als Assistent der Geschäftsführung in Hongkong und Australien tätig war. Nach seinem Wechsel zu IBM Global Services betreute er u.a. als Projektleiter den Internet Community Auftritt der Deutschen Post (www.evita.de). 1999 gründete er mit drei IBM Kollegen die PORTUM GmbH (heute AG), die internetbasierte Lösungen für den strategischen Einkauf anbietet. Zu den Kunden gehören Unternehmen und Marktplätze wie z.B. BASF,

Bayer, Henkel, EADS, DaimlerChrysler MTU und TotalFinaElf. Investoren sind u.a. Accenture, 3i group und die Henkel KgaA. Das Unternehmen beschäftigt derzeit 75 Mitarbeiter in Frankfurt, Paris, Madrid und London. Seit 2000 wurden mehr als 2.1 Milliarden € über die Portum Lösungen gehandelt.

Matthias Machnig, geb. 1960, Bundesgeschäftsführer der SPD, Staatssekretär a.D.; wichtigste Publikationen u.a. Der rasende Tanker: Analysen und Konzepte zur Modernisierung der sozialdemokratischen Organisation, (Hrsg.) zusammen mit Hans-Peter Bartels, Göttingen, 2001; Sicherheit im Wandel, (Hrsg.) zusammen mit Franz Müntefering, Berlin, 2001; Politik – Medien – Wähler: Wahlkampf im Medienzeitalter, (Hrsg.), Opladen, 2002

Siegmar Mosdorf war von 1990 bis 2002 Bundestagsabgeordneter. Von 1998 bis 2002 war er Parlamentarischer Staatssekretär beim Bundesminister für Wirtschaft und Technologie. Seit 2002 ist der Vorstand der CNC AG mit Sitz in München und London.

Prof. Dr. Birger P. Priddat, geb. 1950, ist Inhaber des Lehrstuhls für Volkswirtschaft und Philosophie an der Universität Witten/Herdecke seit 1991. Für 5 Jahre war er, bis 2000, Dekan der Fak. f. Wirtschaftswissenschaft. Seine Forschungs- und Beratungsschwerpunkte sind: Modernisierungsstrategien: Arbeit (future of work), Politik (eGovernment, new governances), Organisationen, Bildung; zudem die Themen: Kunst&Wirtschaft, Philosophie&Wirtschaft.

Barbara Schwarze ist Geschäftsführerin des Kompetenzzentrums „Frauen in Informationsgesellschaft und Technologie“ (www.kompetenzz.de) und arbeitet in geschäftsführender Funktion für den Verein „Frauen geben Technik neue Impulse e.V.“. Sie ist von Haus aus Soziologin und veröffentlicht insbesondere in den Bereichen Studienreform, Hochschulentwicklung, Frauen und Informationsgesellschaft. Frau Schwarze leitet ein An-Institut der Fachhochschule und ist als Expertin, Kuratoriumsmitglied und Gutachterin in Hochschulen, technischen Verbänden, Bund- und Ländergremien tätig.

Erwin Staudt wurde 1948 in Leonberg bei Stuttgart geboren. Nach dem Studium der Wirtschaftswissenschaften trat Staudt 1973 in die IBM ein. Nach einer Reihe von nationalen und internationalen Führungsaufgaben wurde er 1998 Vorsitzender der Geschäftsführung der IBM Deutschland. 1999 rief er die Initative D21 ins Leben, in der sich 300 Unternehmen für die Informationsgesellschaft einsetzen.

Jörg Tauss, Mitglied des Deutschen Bundestages seit 1994, ist bildungs- und forschungspolitischer Sprecher sowie Beauftragter für Neue Medien und zur

Reform des Datenschutzrechtes der SPD-Bundestagsfraktion, Vorsitzender des Unterausschusses Neue Medien beim Bundestagsausschuss für Kultur und Medien, Ordentliches Mitglied in den Bundestagsausschüssen für Bildung und Forschung sowie Kultur und Medien, stellvertretendes Mitglied im Innenausschuss des Deutschen Bundestag.

Gerd Tenzer wurde am 4. August 1943 in Baden-Baden geboren. Er studierte Nachrichtentechnik an der Technischen Hochschule Aachen und arbeitete von 1968 bis 1970 im Forschungsinstitut der AEG-Telefunken in Ulm im Bereich der Telekommunikation. 1970 trat er in den Dienst der damaligen Deutschen Bundespost ein. 1975 wechselte Tenzer in das Bundesministerium für Post und Telekommunikation, wo er fünf Jahre lang verschiedene Projekte im Bereich Tarifpolitik und der Kundendienste leitete. 1980 übernahm er die Leitung des Referats für Fernmeldepolitik. Von 1990 bis 1994 war er Mitglied im Vorstand der Deutschen Bundespost Telekom und seit Januar 1995 gehört Gerd Tenzer dem Vorstand der Deutschen Telekom AG an. Er trägt als Vorstand „Produktion und Technik“ die Verantwortung für die Konzernsteuerung „Technik und Plattform“, Breitbandkabel, das Innovationsmanagement, den Einkauf und den Umweltschutz. Seit 1. Januar 2002 hat er für zwei Jahre den Vorsitz des VDE übernommen. Am 16. Juli 2002 wurd er zum stellvertretenden Vorstandsvorsitzenden der Deutschen Telekom AG bestellt.